세계명작 순례

박계자 지음

차례

007. 지은이의 말
008. 플로베르 - 보바리 부인
016. 도스토예프스키 - 가난한 사람들
025. 너대니얼 호손 - 주홍글씨
034. 알베르 카뮈 - 이방인 l 시지프스 신화
043. 앙드레 지드 - 좁은 문 l 전원교향곡
053. 기 드 모파상 - 여자의 일생
060. 괴테 - 젊은 베르테르의 슬픔
065. 헤르만 헤세 - 데미안
075. 가와바타 야스나리 - 설국
081. 헤밍웨이 - 프랜시스 매코머의 짧고 행복한 생애
087. 존 스타인백 - 붉은 망아지
091. 미하일 일린 - 인간의 역사
098. 헨리 스탠리 - 암흑대륙
103. 서머싯 몸 - 인간의 굴레
110. 펄 S, 벅 - 대지
116. 안톤 파블로비치 체호프 - 귀여운 여인

121. 고전소설 - 토끼전
124. 고전소설 - 인현왕후전
129. 알퐁스 도데 - 노인들
132. 프란츠 카프카 - 사형선고
136. 윌리엄 셰익스피어 - 맥베스
141. F·A.매켄지 - 한국의 비극
146. 최찬식 - 추월색
150. 앙리 파브르 - 곤충기
155. 헨드릭 하멜 - 하멜 표류기
160. 토머스 벌핀치 - 그리스 로마신화
160. 채만식 - 레디메이드 인생 | 민족의 죄인
172. 고골리 - 외투
177. 오영수 단편소설 - 순례(1)
181. 오영수 단편소설 - 순례(2)
185. 오영수 단편소설 - 순례(3)
188. 오영수 단편소설 - 순례(4)
193. 아문센 - 아문센 탐험기, 자서전 편

차례

202. 포트르 일리치 차이콥스키 - 안단테 칸타빌레
204. 프레데리크 프랑수아 쇼팽 - 빗방울 전주곡
208. 요한 스트라우스 2세 - 아름답고 푸른 도나우
211. 베르디 - 히브리 노예들의 합창
215. 안톤 루빈스타인 - 천사의 꿈
218. 사라사테 - 찌고이네르 바이젠
221. 에드바르 그리그 - 솔베이지의 노래
225. 프란시스코 타레가 - 알함브라 궁전의 추억
228. 모차르트 - 클라리넷 협주곡
234. 볼프 페라리 - 성모의 보석
238. 마스카니 - 카발레리아 루스티카나
242. 칼 마리아 폰 베버 - 무도회의 권유
246. 안토니오 비발디 - 사계, 봄
253. 안토니오 비발디 - 사계, 겨울
256. 엔리코 토셀리 - 세레나데
260. 헨델 - 라르고
264. 헨델 - 수상음악
269. 요하네스 브람스 - 브람스의 눈물

지은이의 말

  문학이란 무엇인가를 진지하게 생각하는 순간부터 시작이었다. 하찮은 일일지라도 그 정의를 따지게 된 거였다.
  사물과 인간에 관한 사색의 테두리 안에서 새로운 언어를 제시하기 위해 갈등하며 창작에 몰두하였고 세계명작순례를 하기에 이르렀다.
  플로베르의 《보바리 부인》, 도스토예프스키의 《가난한 사람들》, 너대니얼 호손의 《주홍글씨》, 알베르 카뮈의 《이방인》과 《시지프스 신화》, 앙드레 지드의 《좁은문》과 《전원교향곡》, 기 드 모파상의 《여자의 일생》, 괴테의 《젊은 베르테르의 슬픔》, 헤르만 헤세의 《데미안》 외 23편의 명작소설 삼매경에 빠졌다.
  또한 94학년도부터 시행된 대학 수학능력 시험이 나를 부추겼는데, 나는 수능을 칠 학생들에게 조금이나마 도움이 되고 싶었고, 그래서 15년 동안 짬짬이 세계명작순례를 하게 된 거였다.
  교과적인 소재를 바탕으로 하여 해석, 원리 응용, 논리적 분석과 판단 등의 사고 능력을 측정하지는 못했으나, 폭넓은 독서를 하는 것보다 더 좋은 방법은 없다는 데에는 이론의 여지가 없을 것이다.
  내친김에 세계명곡을 남긴 포트르 일리치 차이콥스키의 〈안단테 칸타빌레〉, 프레데리크 프랑수아 쇼팽의 〈빗방울 전주곡〉 등 17편의 명곡 감상문도 덧붙였다.

2025년 4월에   박계자

귀스타브 플로베르 (Gustave Flaubert, 1821~1880)

귀스타브 플로베르 **보바리 부인**

  플로베르는 1821년 12월 12일 부친이 외과 과장으로 근무하고 있는 파리 북서쪽의 루앙 시립병원에서 태어났다.

  플로베르의 부친은 샹퍼뉴 지방에서 대대로 의료 분야에 종사하는 집안 출신으로 학식이 매우 풍부했다. 또한 모친 플뢰리오는 복고적 성향이 짙은 노르망디의 부르주아 집안의 딸로 교양과 덕성을 잘 갖춘 여인이었다.

  두 사람 사이에서 다섯 번째 아들로 태어난 플로베르는 어린 시절을 형과 여동생 카롤린에게만 애정을 쏟는 부모의 편애에 소외감을 느끼며 보낸다. 그래서 그가 몰두할 수밖에 없었던 독서가 그의 유일한 취미가 되었던 것으로 보인다.

  그는 1832년 2월, 루앙에 있는 왕립 중학교에 입학했다. 그곳에서 문학의 조언자 역할을 했던 시인 부이에를 만나 훗날 평생지기가 되었다. 부이에와 학교 신문 《예술과 진보》를 발행했고, 그 시기에 소설 《광인일기》를 습작하게 된다.

  중학교 사춘기 시절이었던 1836년 여름, 푸르빌 물가에서 악보상의 부인인 엘리자 푸코를 만나게 되어 깊은 애정을 느끼게 된다. 그러나 이루어질 수 없는 그녀에 대한 연모의 정이 상당히 깊었던 것만큼 플로베르는 평생을 독신으로 지내게 된다.

1841년 11월 부친의 권유로 파리 대학 법학부에 입학한 플로베르는 학업이 적성에 맞지 않아 흥미를 잃고 곧장 학교를 벗어난다. 그리고 고향인 루앙으로 가서 그리스어와 라틴어 공부에 몰두한다.

1846년 부친이 사망하고 이어서 여동생 카롤린이 세상을 떠나자, 플로베르는 한꺼번에 두 사람의 가족을 잃은 슬픔에 2년 동안 방황한다.

1848년 5월부터 《생앙투안의 유혹》을 쓰기 시작해서 1년 2개월 만에 완성했다. 그리고 친구인 부이에와 뒤캉에게 조언을 구하는데, 구성상 통일성이 없고 산만한 데다 수법이 지나치게 낭만적이고 공상적이라는 혹평을 듣게 된다. 문학적 견문을 넓히기 위하여 여행을 떠나보라는 그들의 간청을 받아들이며 플로베르는 18개월에 걸쳐 이집트를 비롯한 근방 각국으로 여행을 다녔다. 이 여행을 통해 지나치게 낭만주의에 경도되어 있었던 경향에서 탈피하여 현실 세계를 눈여겨 관찰하며 사실주의 기법을 터득하게 된다.

1850년 여행에서 돌아온 그해 9월부터 《보바리 부인》을 집필하기 시작했다. 5년 반에 걸친 이 작품은 하루 평균 12시간 이상의 집필로 1856년 4월에 완성하게 되었다.

《보바리 부인》의 작품 줄거리를 훑어보자면 대충 이러하다.

샤를 보바리는 지나칠 정도로 아들의 출세에만 집착하는 어머니의 열성으로 5년 만에 의사 시험에 합격하여 토스트에서 병원을 개업하는데, 한 번의 실패를 거친 후였다.

아버지가 재산 때문에 어머니와 결혼했듯이, 어머니도 다를 바 없었다. 샤를의 어머니는 연금 1,200 리브르를 자처하는 과부 엘로이즈를 며느리로 맞아들인다. 엘로이즈는 45세의 많은 나이에 못생긴 용모였고, 매사에 신경질적이고 질투심이 강했다. 그런 엘로이즈에게 환멸을 느끼며 갈등을 겪고 있었던 샤를은, 마침 왕진 갔던 농가에서 베르토의 부유한 농부 루오와 알게 되었고, 그의 딸 에마를 만나게 된다. 수도원에서 소녀 시절을 보내서인지 에마는 시골에서 보기 드물게 행실과 교양이 매우 훌륭해 보였다.

그 무렵 엘로이즈의 재산을 관리하던 공증인이 도망치는 사건이 발생했고 엘로이즈의 재산에 대한 말이 거짓으로 판명되자 엘로이즈는 피를 토하며 죽어갔다.

아내를 잃은 샤를은 루오의 권유로 평소 아리따운 미모에 이끌렸던 에마와 결혼을 추진한다. 죽은 전부인 엘로이즈와는 비교할 수 없을 만큼 젊고 아름다운 에마, 그녀와의 신혼 생활이 더없는 기쁨이 되고 있었던 샤를과는 달리 낭만적인 꿈만을 추구해오던 에마는 불행했다. 무디고 평범한 남편에게 만족할 수 없었고, 벗어날 수 없는 시골의 일상들은 날이 갈수록 권태롭고 답답하기만 했다.

어느 날 앙데르빌리에 후작댁의 무도회에 참석한 에마는 귀족 사회의 호화로운 생활을 경험하면서 자신이 바라던 생활이 어떤 것인가에 대한 깨달음이 더욱 구체화 된다. 그 후로 에마는 그날의 무도회의 추억에 깊이 빠져 파리의 환락을 동경하기 시작한다. 사교계의 생활을 갈망하는 가운데 우울증이 더욱 심해진 에마, 샤를은 임신한 아내의 건강을 걱정한 나머지 평범한 시골 마을 용빌라바유로 이사를 한다. 좋을 것도 나쁠 것도 없는 무의미한 나날의 어느 날, 에마는 공증인 서기 레옹 청년과 마주친다. 에마와 레옹 청년 두 사람은 자신들의 만족스럽지 못한 현재 생활에 대한 불만을 토해내는 대화로 서로의 가슴에 불을 지폈고 매우 흥미로워했다. 그러나 그녀에게서 자상한 어머니와 정숙한 아내로서의 태도를 본 레옹은 그곳을 떠나버린다. 레옹과의 만남으로 행복했던 에마는 그가 떠난 후 다시 불행한 나날을 보내며 우울증에 시달린다.

센 현의 농업 공진회에서 자연스럽게 접근하는 로돌프는 전부터 에마에게 눈독을 들이던 중이었다. 독신의 농장주 로돌프에게서 뜻밖의 구애를 받는 에마는 다시 생활의 활기를 되찾는다. 밤마다 로돌프와의 편지 교환, 그리고 밀회가 이어지면서 때로는 자신의 행동을 반성하기도 하지만 정욕에 빠진 에마는 극기야 하나밖에 없는 딸을 데리고 로돌프와 도망치려는 계획까지 세운다. 그러나 그녀의 격렬한 애정에 두려움을 느낀 로돌프는 이별의 편지를 남기고 혼자 떠나 버린다. 상처받은 에마는 신앙에 의지하려 노력했으나 그 무엇으로도 위로받을 수 없는 지경이 되었다.

로돌프가 남기고 간 상처가 오랜 시간 속에 치유되어 가고 있을 무렵인 어느 날 남편과 함께 루앙에서 열리는 오페라를 구경 가게 되었다. 그곳에서 우연히 레옹을 만나게 되고 둘은 다시 예전의 감정이 되살아나 루앙에서 다시 밀회를 나눈다. 에마는 자신이 쏟는 애정만큼이나 레옹의 의사를 자신에 맞게 관철하려 한다. 그러한 에마로부터 점점 자신의 사고가 간섭당하고 무시당하여 흡수되어 가고 있다는 것을 느끼며 레옹은 반발하기도 했다. 하지만 정신없이 쏟아붓는 에마의 열정은 날이 갈수록 정도가 지나쳤고, 에마는 차츰 레옹에게 귀찮은 존재가 되어가고 있었다.

에마는 사치와 비현실적인 낭만주의에 빠져 행복을 추구했던 만큼 남편이 알지 못하는 빚까지 지게 되었다. 교활한 잡화상 뢰뢰는 그녀를 위해 편의를 봐 주는 듯했으나 갚을 능력이 없는 그녀임을 알자 친구를 통해 소송하여 가구와 동산을 압류하려 든다.

남편에게 알려지지 않게 하려고 뢰뢰에게 애원을 해보기도 하고 레옹, 로돌프, 공증인, 수세 관리를 찾아가 빚 갚을 돈을 변통해 주길 애원했으나 모두에게 거절당하고 만다. 심리적으로 절망 상태에 빠진 에마는 반미치광이가 되어 약제사 가게에 숨어 들어가 비소를 먹고 자살한다.

아내가 왜 죽었는지조차 모르는 샤를은 장례식을 마치고 아내가 남기고 간 편지를 읽고 그녀의 부정을 알게 된다. 로돌프를 만나고도 원망 섞인 말 한마디 뱉지 못한 채 자신의 운명으로 돌리고 마는 샤를은 다음 날 에마의 유품인 머리카락을 손에 꽉 쥔 채 그 역시 죽음을 선택한다.

작품 《보바리 부인》 발표 직후 그 내용이 반종교적이고 반도덕적이라는 이유로 사회 각층의 비난을 받게 된다. 결국 《보바리 부인》을 게재했던 《리르뷔 드 파리》지와 함께 플로베르도 기소되지만 재판에서 무죄 선고를 받는다. 이 재판은 오히려 소설 《보바리 부인》의 명성을 얻게 하는 데 일익을 담당해서 책이 날개를 단 듯이 팔려나가게 되었다.

《보바리 부인》은 플로베르 부친의 제자인 들라마르의 집에서 일어났던 실화를 소재로 하고 있다. 그 사건은 실제로 흔히 있는 일로 들라마르의 아내 델핀이 불륜의 애정 행각으로 말미암아 자살에 이르게 된 이야기라고 한다. 플로베르는 이 사건의 배경인 루앙 근교의 주변 환경에 대해 주도면밀하고 상세한 관찰을 토대로 사실적으로 묘사했으며, 이러한 그의 관찰자적인 태도는 작품 전체에 일관되어있기도 하다. 그래서 《보바리 부인》은 플로베르를 본격적인 사실주의 문학의 창시자로 만들기도 했다. 단순히 갖가지 풍속의 양상을 묘사하는 데 그치지 않고 보편적 인간상으로 보바리 부인의 형상을 창조해 내어 당시의 세태에서 흔히 있을 수 있는 인간 로돌프와, 황금을 신으로 여기는 뢰뢰 등을 창조해 내었다. 더욱이 에마와 대치되는 인물인 약사 오메는 자본주의적 사회에서 극도의 속물근성과 집요한 출세주의를 바탕으로 샤를과 에마를 파탄으로 이끄는 근본적인 원인이 되고 있다. 그러므로 소설의 마지막 부분에서 오메가 훈장을 수여 받으면서 사건이 종결 지워지는 것은 퍽 의미가 있다. 즉 당시 신흥 부르주아 세력이 탄생하고 성장하고 쇠퇴하는 과정을 세밀하고도 냉철한 묘사를 통해서 잘 드러내었다는 평판이다. 그러므로 《보바리 부인》이 갖는 작품적 의의가 더욱 위대하다는 평가를 받게 되었는지 모른다.

작가 플로베르는 자신의 쾌락과 만족을 위해서는 끝없는 파멸을 자초하면서도 능동적으로 대처해 나가는 에마의 허망한 낭비벽과 현실에 만족하지 못하는 정념을 이 작품을 통해 비웃고 있다. 또 한편 과학을 앞세운 속물적인 인간인 약제사 오메를 조롱하고 비난하는 묘사를 통해 프랑스

혁명을 부정하고 있는 것인지도 모른다.

표도르 미하일로비치 도스토예프스키
(Fyodor Mikhailovich Dostoevskii, 1821~1881)

도스토예프스키 **가난한 사람들**

《가난한 사람들》은 도스토예프스키의 처녀작이다.

19세기 러시아 문학의 거장 도스토예프스키는 1821년 10월 30일 모스크바의 마린스키 빈민병원에서 태어났는데, 그의 아버지 미하일은 군의관 출신으로 빈민병원 의사였다,

미하일은 귀족이면서도 물질적으로는 늘 가난했다. 풍요로운 생활을 하지 못했다.

어머니 마리아는 모스크바 상인의 딸로서 교양이 풍부하고 늘 상냥했다. 그리고 신앙심이 두터웠던 관계로 도스토예프스키는 어린 시절 어머니를 따라 교회나 수도원을 자주 방문하게 되었다.

그가 10세 되던 해에 그의 아버지는 툴라 현에 조그만 영지를 사들였고, 그의 가족은 여름마다 그곳에서 지냈다. 어린 도스토예프스키에게는 툴라 현에서 보내는 시간이 가장 행복하고 즐거웠다. 그곳에서 농민들의 생활을 엿보며 그들에 대한 이해와 애정을 쏟고 사랑을 느끼게 되는 좋은 계기가 되었다.

나이 13세 되던 해, 형 미하일과 함께 모스크바의 체르마스크 학교에 입학하여 교육을 받게 된다. 기숙사 생활을 하며 고골리, 실러, 발자크, 조르주 상드, 수코프스키, 푸슈킨, 스콧, 주코프스키 등의 작품을 주로 탐독

하였다고 한다.

그가 16세 되던 해, 그의 어머니가 사망하고 그가 흠모했던 작가 푸슈킨마저 결투하다 죽었고, 그는 슬픔을 이기지 못해 한동안 방황하고만 있었다. 그를 지켜보던 부친은 그를 위해 강제적으로 페테르부르크에 있는 공병학교에 입학하게 했다. 그러나 그는 군대 생활에 싫증을 느꼈고 또한 형 미하일과 떨어져 있어 외로움을 느끼며 여전히 우울증에 빠져 허우적거린다.

이러한 불만족스러운 생활을 하고 있을 즈음 툴라 현 영지의 농노들에게 원한을 산 그의 부친이 급작스럽게 참살당했다는 소식을 접하게 된다. 그 충격은 평생 그의 가슴에 상처로 남아 《카라마조프의 형제들》을 집필하는 직접적인 계기가 되었다. 실제로 그 사건을 작품 속의 소재로 등장시켰다. 이 일이 일어나기 전에는 농노들에게 친밀감을 느끼고 애정을 주었던 도스토예프스키는 그 사건을 통해 인간 내면의 포악한 측면에 대해 새롭게 인식하게 되었던 것이다.

그의 모든 문학작품에서 이중적인 인간의 성격, 악마적 성향, 신적 성향에 대립하여 그 모순점이 세밀히 파헤쳐져 있음을 볼 수 있다. 그리고 문학적 흥미에 매료되어 있었던 도스토예프스키는 공병학교 졸업 후 장교로 임관되어 그곳에 남게 되지만 군 생활에는 관심이 없었고 오로지 문학에 대한 열망만이 더욱 깊어져 갔다. 이윽고 그곳의 생활을 벗어나 창작에만 열중하게 된다. 이때 간질병이 발작을 일으켜 그는 점차 신경증이 심해진다. 이 시기에 그는 《가난한 사람들》을 완성한다.

이 작품을 동창인 그리고로비치 작가가 읽고 감동하여 발표할 수 있도록 주선해 주었다. 시인 네크라소프는 《가난한 사람들》을 읽고 '새로운 고골리가 탄생했다'고 외쳤다고 한다.

그 당시 문단을 주도하며 명성을 떨치고 있던 비평가 벨린스키도 그의 작품을 읽고는 '꾸준히 재능에 충실하면 대가가 될 수 있을 것이다.'라고 예언하였다.

이 중편소설이 《페테르부르크 문집》에 수록되어 독서계에 일대 선풍을 일으키면서 도스토예프스키는 화려한 데뷔를 한다.

그 후 사교계에 드나들며 저명한 작가들과 교류하지만, 신경질이 심하고 자만과 허영심이 강해 동료작가들에게 따돌림을 당한다. 도박과 방탕한 생활까지 일삼았고, 그 비용을 위해 저작 활동을 계속하지만, 그의 작품은 번번이 큰 성과를 거두지 못했다. 한편 그는 당시 청년 사이에 유행했던 공상적 사회주의 사상에 가담하여 페트라 셰프스키의 단체에 일원이 되기도 했다. 정치적 탄압이 극심한 그때, 그를 비롯하여 그 단체에 심취해있던 모든 이들이 체포되어 파블로브로크 요새 감옥에 8개월 감금 후 사형선고를 받는다. 형을 집행하려 할 때 다행히 황제의 특사로 그는 유형으로 감형된다. 몸서리쳐지는 죽음과 삶의 갈림길에서 몸소 체험했던 나날의 공포는 훗날 그의 작품 〈백치〉에서 섬세하게 묘사되어 있다. 그 작품을 읽은 대부분 사람은 자신이 지금 그 상황을 지켜보고 있는 것 같은 느낌을 받았다고 말했다.

옴스크 감옥에서 4년간 유형 생활을 하며 흉악범들과 어울려야 했던 그의 고통스러운 생활을 그는 〈죽음의 집의 기록〉에 세세하게 묘사해 놓기도 했다.

유형지에서 간질병이 더욱 악화되자, 그는 정신적으로 많은 변화를 일으켰다.

형기를 마치고 돌아온 그는 곧장 아이가 있는 미망인 마리아와 결혼하지만, 그녀에게 폐병이라는 지병이 있어 결혼 생활이 그리 순탄치만은 못했다. 이 무렵 페테르부르크로 돌아와서 활발히 문단 활동을 시도했는데, 그때의 작품들은 주로 감옥생활 체험을 다루었다.

그는 또한 문학 활동을 위한 여행도 게을리하지 않았다. 스웨덴, 독일, 프랑스 등으로 다니며 발달된 문명과 부패의 실상을 보고 온 그는 자신이 러시아인이라는 것에 자부심이 생겼다고 말한다.

그리고 그는 한동안 《세기》라는 잡지를 발간하여 그 잡지에 〈지하생활자의 수기〉 등의 작품을 발표했다. 그 작품 속에는 가난한 자들이 학대받는 내용을 중점으로 다루면서 점차 그는 인도주의적 경향에서 탈피하게 되고, 《죄와 벌》《카라마조프의 형제들》 등의 대작을 탄생시켰다. 이 무렵 아내 마리아와 형 미하일이 세상을 떠난다. 그로 인해 또다시 정신적인 충격을 받으면서 경제적인 어려움에까지 겹쳐지고, 괴로운 날들을 보낸다. 빚에 쪼들렸던 그는 기한 내에 작품을 완성해야 했던 관계로 속기사를 둔다. 함께 일을 하며 자상하고 헌신적인 속기사로부터 사랑을 느낀 그는 그녀와 결합하게 된다.

신경증, 간질병, 경제적인 빈곤까지 해결해주는 그녀의 도움으로 도스토예프스키는 노년을 편히 지내다 1880년에 《카라마조프의 형제들》을 마지막 작품으로 완성하고 1881년 60세의 나이로 세상을 마감했다.

도스토예프스키가 고골리에 심취되어 있을 때 완성한 이 작품《가난한 사람들》의 내용에는 고골리 풍의 사회 풍자적 요소가 짙게 깔려있다. 지나치게 감상적이긴 하지만 그가 추구한 바에 의하면 바르바라가 정신적인 사랑을 하며 고통을 함께하는 그 이웃의 사랑을 넘어서지 못한 애정을 주는 반면, 아가페적 사랑을 이미 넘어선 제부시킨의 감정과 그 정도를 달리한 데에서 우리는 다시 생각해 볼 이유가 생긴 것이다.

《가난한 사람들》의 작품 줄거리는 이러하다.
페테르부르크의 도시 뒷골목 허름한 아파트에 마카르 제부시킨이라는 50세가량의 가난한 관공서 서기가 살고 있었다. 그리고 제부시킨의 방 창문에서 잘 보이는 맞은편에 몹시 가난하고 의지할 곳 없는 처녀 바르바라가 살고 있었다.
제부시킨의 먼 친척뻘이기도 한 바르바라는 그에게 있어서 아침 햇살과 같이 삶의 의미를 갖게 하는 존재가 되어 준다.
자신이 비참한 생활을 하고 있었음에도 불구하고 가난한 그녀를 돕기 위해 월급을 가불하거나, 때로는 식사를 줄여야 했으며 의복을 팔아서까지 돈을 마련하여 그녀에게 보냈고, 매일같이 그날의 일상을 편지로 써서 보낸다.

제부시킨의 형편을 훤히 알고 있었던 그녀는 그의 호의를 괴로워하면서도 받아들이며 그 자체를 사랑으로 느끼고 다소나마 부담스럽던 마음을 편하게 가질 수 있었다.

그녀를 편하게 해주기 위하여 제부시킨은 아버지처럼 순수한 연민으로 조금 도와줄 뿐이라고 변명한다.

제부시킨의 도움과 친절을 고마워하며 바르바라도 날마다 자신의 일상을 낱낱이 기록하여 보낸다. 그리고 포크롭스키라는 가난한 대학생과 교제했던 추억 등을 적어둔 노트를 전하기도 한다.

얼마 후 바르바라는 가정교사 자리와 어느 노인의 첩이 되어 달라는 제안을 받고 그 얘기를 제부시킨에게 알린다. 그는 그녀를 붙잡기 위해 적극적으로 반대하고 나선다.

그의 도움에도 불구하고 빈곤한 생활의 연속으로 지쳐버린 그녀는 결국 브이코프라는 인색한 부자와 결혼하게 된다.

브이코프와 떠나기 전날 바르바라는 슬픔으로 가득한 마지막 편지를 그에게 보낸다.

편지를 받은 제부시킨은 바르바라를 잃게 된다는 상실감에 죽고 싶을 만큼 괴로워하면서도 그녀의 결혼을 축복해주기 위해 노력한다. 그리고 그녀에게 마지막 편지를 쓴다.

「나는 당신을 하느님의 빛처럼 사랑해 왔습니다. 나는 당신만을 위해서 살아 왔습니다. 내가 일을 한 것도, 원고 정서를 한 것도, 산책을 한 것도, 편지를 쓴 것도 모두 당신이 계셨기 때문이었습니다. ……왜 브이코프 씨와 함께 광야로 가

버리는 겁니까? 아아, 그건 안 됩니다. 한 번만 더 편지를 주십시오. 한 번만 더 모든 것을 자세히 쓴 편지를 주십시오. ……그렇지 않으면…….」

　의지할 데 없는 처녀 바르바라와 하급관리인 제부시킨은 봄부터 가을까지 편지를 주고받았다. 도시의 외곽 한켠에서 서로 의지하며 주고받는 편지 속에는 소외계층의 일상이 지나치리만큼 세밀하게 묘사되어 있다. 이러한 묘사 방법이 작품의 격을 떨어뜨리지 않나 하지만, 쓸데없는 걱정이다. 작가는 그들에게 있어 사소한 사건마저도 의미가 깊다는 점에 착상하여 그들의 목소리로 말하는 기법을 택했기 때문이다.
　《가난한 사람들》 속에 숨어있는 인간성 발로, 사상, 관념의 경로는 '동병상련'에만 그치는 전개 방식은 아니었다. 서산을 넘어가는 해와 같은 자신의 존재를 바르바라를 통해 아직도 필요한 존재임을 확인하고 있는 자아를 끊임없이 발견하려 했다.
　이제는 자신을 필요로 하지 않는 브이코프와 바르바라의 결혼에 의해 자신의 존재를 더는 확인받을 통로가 없게 된 그는 심경 혼란을 겪으며 마지막 편지를 띄웠다.

　"다시 읽어 보지도 않겠습니다. 문장을 고치지 않겠습니다. 그저 쓰고 싶으니까 조금이라도 많이 당신께 쓰고 싶으니까 쓰는 것뿐입니다. 아아, 나의 바렌카, 나의 그리운 바렌카, 나의 사랑하는 바렌카."

　도스토예프스키는 마지막 편지에 이 세상에 사는 사람이 필연적으로 짊

어져야 하는 '긍정과 부정'의 태도를 극적으로 제시하고 있다. 시대적 상황 변화의 유무에 관계없이 인간존재의 근본 문제를 예민하게 말하고 싶어 하는 도스토예프스키의 주 테마가 '인간 추구'임을 유추해 본다.

너대니얼 호손 (Nathaniel Hawthorne 1804년~1864)

너대니얼 호손 **주홍글씨**

너대니얼 호손은 1804년 7월 4일 메사추세츠주의 보스턴 북쪽 항구 도시 세일럼에서 태어났다.

청교도의 선장이었던 아버지는 호손이 네 살 되던 해에 남아메리카에서 사망하자 호손은 어머니와 함께 메인주의 시골 외가에서 성장했다.

1821년에 메인주의 보든 칼리지에 입학하여 동급생인 시인 롱펠로와 훗날의 대통령이 된 피어스와 가까이 지내게 된다.

1825년에 졸업을 한 그는 고향인 세일럼으로 돌아간다. 세일럼은 문학적인 환경이 전혀 아님에도 호손이 문학에 정진할 수 있었던 것은 교회도 나가지 않으며 혼자만의 고독 속에서 글을 쓰게 되는 동기가 되지 않았나 싶다.

1828년에 《팬쇼》라는 장편을 자비로 출판하였지만 크게 호응을 얻지 못했고 그 후로도 여러 잡지에 단편을 발표했어도 그는 늘 궁핍한 생활에서 벗어나지 못했다.

1839년 친구들의 주선으로 보스톤 세관의 검사관이 되어 고정 수입을 얻게 된 호손은 나이 38세에 이르러 소피아 피버디와 결혼하게 된다. 그 해에 《케케묵은 이야기》2집을 발간하여 격찬받게 된다.

1846년에는 《옛 목사관의 이끼》가 출판되어 호손의 문명은 날로 높아지고 있었다. 그러나 여전히 부족한 물질적 생활고를 겪으며 1845년에는 세일럼 세관의 검사관으로 직장을 옮기고, 3년 후에 다시 면직당한다. 하지만 그의 아내 소피아는 오히려 창작에만 몰두할 시간이 생겼다고 격려를 아끼지 않는다.

그에게 있어서 최악의 경제적 빈곤을 겪게 했던 그 시기에 그는 《주홍글씨》를 완성하기에 이르렀다. 1950년 《주홍글씨》가 세상에 나오자 호손은 문학적 재능을 인정받아 조금은 여유로운 환경에서 집필에 몰두하게 되었는데, 〈일곱 박공의 집〉, 〈브라이스데일 로맨스〉 등이 그가 당시에 쓴 작품이다. 그 후 친구인 피어스가 대통령에 당선되자 호손은 영국 리버풀 영사가 되기도 하였다.

1864년 5월에 전 대통령 피어스를 따라 뉴햄프셔로 여행을 떠났던 호손은 5월 18일 프리마스 호텔에서 갑자기 사망하여 5월 24일 콩코드 부근의 드리피 홀로에 안장되었다.

17세기 청교도 식민지 보스턴에서 일어난 간통 사건을 소재로 삼은 이 작품 《주홍글씨》는 융통성 없는 청교도적 도덕률이 엄격히 고수되던 식민 시내가 그 배경이나. 낡은 정신인 청교도가 개척 시내의 신내륙을 지배하고 있는 상황을 고발하며 현대 정신에 의한 사상적 개척을 시도했던 것인데, 작품의 줄거리는 다음과 같다.

17세기 보스턴시에 있던 한 감옥에서 헤스터 프린이라는 젊은 여인이 갓 태어난 아기를 팔에 안고 나왔다. 많은 군중이 모여서 호기심 어린 눈으로 감옥소 문을 나서는 그녀를 바라보고 있다. 그들 중 몇몇의 부인들은 헤스터 프린의 부정행위로 인하여 모든 여성이 치욕을 당했다며 그녀에게 더 무거운 형벌을 가해야 한다고 입을 모아 비아냥거렸다.

감옥소를 나온 헤스터 프린은 간수를 따라 처형대 위로 올라갔다. 그녀가 받아야 할 형벌은 많은 군중 앞에서 처형대 위에 하루종일 서 있어야 하는 것이었다. 모든 사람이 그녀와 같은 일을 저지르지 못하도록 시민들에게 경각심을 불러일으키자는 건데, 이곳 보스턴의 관리들과 목사 등 상류층 인사들이 의도하는 바였다.

알파벳으로 '간음'을 나타내는 첫 자인 A자가 주홍 글씨로 그녀의 가슴에 붙여졌고 사람들의 곱지 않은 시선이 그녀의 가슴에 집중되어 헤스터 프린에게는 견딜 수 없는 모멸감이었다.

딤즈데일 목사와 교회당에서 간음을 저질러 아이까지 낳았다는 것이 그녀가 지은 죄였다. 군중들은 당시 청교도적인 엄격한 질서 가운데 신앙심 깊은 사람들이었기에 엄숙한 표정으로 그녀를 쏘아보고 있었고 그 가운데 죽은 줄로만 알았던 전 남편인 로저 칠링워스가 있는 것을 그녀는 발견한다.

자연생물 학자로서 동식물을 탐구하기 위해 오랜 세월 가정을 떠나 미개지를 헤매다가 고향으로 돌아온 로저 칠링워스는 자신의 아내가 많은 사람 앞에서 멸시당하고 있는 것을 목격하고 크게 충격을 받았다. 이 현실 앞에서 그는 그녀를 유혹한 남자에게 모든 책임을 돌리며 그 사람을 밝혀내어 복수하리라고 마음속으로 다짐한다.

그러나 아이의 아버지를 만인 앞에서 끝내 공개하지 않는 헤스터 프린은 출감 후에도 혼자 회개하는 자세로 생활을 꾸려나갔다. 주위의 비웃음과 멸시, 천대 가운데서도 타고난 바느질 솜씨로 훌륭한 옷을 많이 만들어 많은 돈을 저축할 수 있었다. 그러한 재산을 자신의 딸 펄의 옷을 만들어주는 비용을 제외한 나머지 전부를 자선 사업에 투자했다. 그러함에도 아이들에게 따돌림을 받으며 늘 혼자 놀아야 했던 딸 펄은 헤스터 프린의 정열적인 기질을 닮아서 쾌활하고 명랑했다. 가끔 어머니의 가슴에 새겨진 주홍 글씨를 의미 있는 눈초리로 바라보곤 해서 그녀 마음을 아프게 하기도 했다.

한편, 로저 칠링워스는 의사로 자신의 신분을 바꾸어 딤즈데일 목사에게 접근한다.

당시 보스턴 시민들로부터 영예와 존경을 한 몸에 받고 있었던 젊은 목사 딤즈데일의 설교는 모든 성도를 감동시켰으나 그 이면은 항상 비탄과 애수에 젖어 있었다.

신도들은 로저 칠링워스를 딤즈데일 목사의 주치의가 되게 하여 한 집에 기거하도록 하였다.

두 사람이 한집에 살면서 목사는 의사에게서, 의사는 목사로부디 정신적 번민과 고통의 그늘을 엿보게 된다.

로저 칠링워스는 목사가 겪고 있는 아픔의 원인을 캐고자 애쓰는 가운데 우연히 목사의 가슴에 새겨진 주홍 글씨를 발견하게 되고, 승리감에 차서 어쩔 줄을 모른다.

헤스터 프린은 전 남편 로저 칠링워스가 딤즈데일 목사에게 접근하여 흉계를 꾸민다는 것을 눈치채고 목사를 괴롭히지 말라고 간절히 애원한다.

그러나 끝내 그녀의 부탁을 거절하는 로저 칠링워스의 정체를 그녀는 딤즈데일 목사에게 전한다. 그리고 그들은 지난날의 애정을 되찾아 멀리 떠나기로 약속하며 딤즈데일 목사는 펄에게 자신이 아버지란 사실을 고백한다. 펄은 두 사람을 바라보기만 할 뿐 가까이 가려하지 않는다.

악마에게 영혼을 사로잡힌 듯한 로저 칠링워스는 마치 악마의 사주라도 받은 듯이 복수의 칼날을 세우고 행동에 돌입했다. 반면에 딤즈데일 목사는 자신이 지은 죄를 번민하며 헤스트 프린과 도망하는 일을 망설였다. 그리고 거짓된 설교를 하는 위선적인 자아를 발견하고는 새로운 결심을 하게 된다.

뉴 잉글랜드의 축제일이 되자 보스턴의 시민들이 광장으로 모여들기 시작했고 헤스터 프린도 펄을 데리고 축제를 구경하기 위해 그곳에 있었다. 멀리서 로저 칠링워스가 이들을 지켜보고 서 있었다.

이윽고 군악대와 관리들의 행렬이 지나자 뒤따라 딤즈데일 목사가 모습을 드러냈다. 목사를 주시하던 헤스터 프린은 무언지 모를 힘이 자신을 억누르는 느낌을 받는다. 그녀는 목사의 설교가 잘 들리는 처형대 아래에 자리를 잡고 그의 설교를 경청한다.

목사는 비애와 죄악으로 가득 차 있는 인간의 본성에 대해 열변을 토하기 시작했다. 심장을 도려내는 듯한 자신의 내면에서 우러나오는 사상과 감정을 거침없이 호소하는 설교를 마치고 열광에 휩싸인 군중들 사이로 행진하기 시작했다. 그리고 시체와 같은 안색으로 변했다. 그의 선배 윌슨 목사가 부축하려고 달려간다. 딤즈데일은 있는 힘을 다해 처형대 위로 자신을 부축해 줄 것을 헤스터 프린과 펄에게 간청했다. 한 손은 헤스터 프린에게 다른 한 손은 펄의 손을 잡은 채로 딤즈데일 목사가 군중들을 향해 자신이 7년 전 헤스터 프린에게 저지른 죄악을 공표한다. 로즈 칠링워스도 미친 듯이 다가가 목사의 가슴에 새겨진 표적을 드러내 보이면서 그의 죄악을 강조한다. 그 순간 군중들은 공포에 질리고 딤즈데일 목사는 격심한 고통 가운데서도 최후의 승리를 거둔 듯이 상기된 표정으로 서 있다가 처형대 위에 쓰러진다. 그리고 감기려는 눈을 겨우 뜨고 펄에게 마지막 키스를 간구하자 펄은 그러한 아버지의 뜻을 따른다.

딤즈데일 목사는 신을 저버린 자신에게 로저 칠링워스를 통해서 하느님이 당신의 뜻을 이루려 했음을 밝히고 숨을 거두었다.

로저 칠링워스는 끊임없이 목사에게 접근하여 그에게 복수하려 드나 번번히 실패했고 결국은 죽으면서 헤스터 프린 모녀에게 상당 액수의 유산을 남겨 회심의 의지를 보여 준다.

인간 내면을 섬세하게 다룬 이 작품은 단순한 역사 소설과는 달리 인생의 덧없음과 슬픔을 잘 묘사했다.

가슴에 붙여진 '주홍 글씨'는 헤스터 프린의 가슴에 낙인된 외면적 표지로서가 아니다. 양심의 가책에 몸부림치면서 끊임없이 가슴에 손을 없고 있던 딤즈데일의 가슴에도 하나의 상징으로서 자라나고 있었다.

금실로 수놓아진 주홍 글씨 'A' 자는 작가가 'Adultery(간통)'의 머릿글자를 가리킨다고도 하고 'Angel(천사)'의 머릿글자라고도 한다. 주인공 헤스터 프린이 간통죄란 죄목으로 사회로부터 냉혹한 심판을 받으며 평생을 가슴에 새겨야 했던 그 주홍 글씨 'A'를, 아더 딤즈데일 목사가 환영에 시달리다가 처형대에 서 있던 날, 하늘에 나타났다는 천사의 머릿글자 'A' 와 뚜렷이 구별하여 서술하지 않은 점에서 작가의 기발한 발상을 엿볼 수 있을 것이다.

인간들에 의해 선고된 죄형을 치르고 나면 죄가 사해진다는 생각과 달리 죄의식에 의해 일회적이지 않은 죄형을 감수해야 한다는 N, 호손 나름의 생각을 확인해 볼 수 있는 결말이다. 즉 헤스터 프린은 청교도적 단죄인 주홍 글씨를 버려도 될 상황에 이르러서도 그 굴레를 찾아오는데, 이는 청교도적 질서에 굴복하지 않는 작가의 의지인 동시에 진실된 애정을 바친 목사에 대한 헤스터 프린의 인도주의적 애도인 것이다.

목사의 죽음이 그 고통의 완성이라는 것을 상징적으로 제시하며 풀어나가는 것은 N, 호손 문학의 특질이라고 볼 수 있다.

호손은 로저 칠링워스의 입을 빌려 우리에게 말하고 있다.
"우리는 육체의 병 그것이 전부라고 생각하고 있지만 결국은 정신적 방면의 고민의 한 징후에 지나지 않는 것입니다. 육체는 정신의 도구이기 때문이지요."

알베르 카뮈
(Albert Camus, 1913-1960)

알베르 카뮈 **이방인** | 시지프스의 신화

    문장에 수식이 없고 할 얘기만 하는 실존주의 작가 카뮈의 작품 《이방인》에서는 인간 문제 즉 인간 삶의 의미는 무엇인가? 1~2차 세계대전을 통한 인간 실존, 왜 살아야 하는가? 하는 총체적인 물음을 던지고 있다.

    카뮈는 1913년 11월 7일 프랑스의 식민지였던 알제리의 콩스탕틴주에서 가난한 광산 노동자의 아들로 태어났다. 이듬해에 제1차 세계대전이 발발하여 전쟁에 참전했던 아버지 뤼시엥 카뮈가 사망하자 어머니와 함께 빈민굴 지역인 벨쿠르 지역으로 이사하여 유년 시절을 보냈다. 비참한 이 시기의 생활을 카뮈는 훗날 가난을 통하여 무한한 자유를 배웠다고 술회하였다. 1923년 10세 되던 해에 초등학교를 졸업하여 그해 10월에 알제리의 중학교에 장학생으로 입학하였다. 그리고 1930년에는 대학 입학자격 국가고시에 합격하여 알제리 대학에 다니면서 축구부로 활동했지만 폐결핵으로 그만두지 않을 수 없었다.
    1년 후 대학의 문학 상급반에 등록했던 카뮈는 철학자이며 교수인 장 그르니에를 만나게 되면서 그의 영향을 받아 철학과 문학에 깊은 관심을 기울이게 되었다. 카뮈의 소설들은 실제와 가상 사이를 왕래하며 현실과 비현실로 전개되어 짜여있다. 그가 상징하는 반항의 사상은 인생이 부조리나 모순에서 벗어날 수 없다는 데서부터 시작된다. 개개인은 집단 속에서 숙명적으로 모순과 직면하며 살아가야만 하고, 그러나 그 부조리를 그대로 받아들이면서 이를 극복하려는 반항적 자세가 그의 윤리적 부조리에도 적용되고 있다.

《이방인》은 알베르 카뮈가 26세 되던 해인 1939년에 기고하여 3년 후에 출간된 작품이다. 제2차 세계대전 이후에 발표된 이 작품은 그 어떤 작가의 작품보다 선풍적인 반응을 불러일으켰다.

세계는 넓으나 자신을 위하여 준비되어 있지 않은 세상을 바라보며 《이방인》의 뫼르소는 내일의 환상적인 계획도 없었다. 그렇다고 체념한 무의미한 하루들을 보내는 것도 아니다. 그에게는 선한 면모도 찾아 볼 수 없고 그렇다고 악한 사람도 아닌 그저 부조리라는 이름을 할애하는 특이체질의 인간이라 볼 수 있다. 자신 이외에 관심이 없는 말단 회사원 뫼르소는 정신적으로 물질적으로 어머니를 위하여 해줄 수 있는 일이라곤 아무것도 없었기에 홀어머니를 양로원에 보낸다. 자신의 결혼마저 무관심인 뫼르소는 인간은 어차피 홀로 고독할 수밖에 없으며 스스로 자신을 책임져야 한다는 것을 강조하고 있다. 어머니의 장례식 다음날 뫼르소는 창 너머의 거리에서 일어나는 일들을 지켜보며 무의미하고 판에 박은 듯한 동작을 다음과 같이 말하고 있다.

"나는 창문을 닫고 방안으로 돌아오며 거울 속에 알콜램프와 빵조각이 놓여있는 테이블 한쪽 끝이 비쳐 있는 것을 보았다. 그때 나에겐, 일요일이 또 하루 지나갔고 어머니의 장례식도 이제는 끝나고, 내일은 다시 일을 시작해야 하겠고, 그러니 결국 달라진 건 아무것도 없다는 생각이 들었다."

뫼르소의 의식은 본능에 가까운 감각으로 또다시 일상생활로 돌아왔다. 회사 일을 열심히 했고 사장은 친절했다. 어머니의 장례식을 위해 휴가를 청했을 때와는 너무나 다른 인간의 이중적인 모습, 현실은 황량한 사막과도 같음을 단면적으로 보여주고 있다. 뫼르소는 어머니가 돌아가신 뒤 그 이튿날 좋아하는 여인과 바닷가에서 지내게 된다. 그 후 무의식적인 동작으로 패륜아를 쏴 죽이고 아무런 준비도 없이 재판정에 끌려 나와 재판을 받게 된다. 심심할 때 드라마 한 편 보듯 하는 배심원들과 관객들, 열변을 토하는 과장된 말투의 변호사, 도무지 사건과 관련 없는 이웃들을 증인으로 내세워 뫼르소의 진실을 묵인하는 검사, 재판정의 모습들이 적나라하게 묘사되고 있다.

외부적인 물체로 몽롱해진 의식은 변화의 과정에서 순간적으로 마비될 수 있다. 즉 뫼르소에게는 계획적인 살인 동기가 전혀 숨겨져 있었던 것은 아니었지만 미움은 있었다. 태양 때문이라고 항변을 해도 겉모습만 보고 내려진 사형 언도, 욕망도 이해타산도 없이 몰입하는 인간형인 뫼르소는 이방인이라는 정신에 있어서 자신의 그 이떤 확신도 포기하지 않았다. 즉 강물의 흐름에 맡겨서 가지 않았다. 강물에 떠내려가는 물고기는 죽은 거나 병든 물고기라고 생각했다. 살아 있는 물고기는 물을 거슬러 올라간다. 저항하는 몸짓으로 거슬러 올라가는 물고기는 고통스럽다. 혹 아프더라도 흐르는 물은 거슬러 올라갈 수 있는 저항이 졸고 있는 의식을 깨어나게 하는 과정을 직면하게 한다. 생명 있는 자기 길은 어렵고 고통스럽다. 비극적인 상황에서도 끊임없이 반항하고 저항하는 뫼르소는 자기 자신에 가장 정직한 인간상을 보여주고 있다.

 카뮈의 소설들은 모두 현실과 비현실, 실제와 가상 사이를 왕래하면서 전개되어 나가는 구조로 짜여있다.
 《시지프스의 신화》는 카뮈가 인간 부조리의 문제를 분석해가며 깊이 있게 쓴 철학에세이집이다.

이 작품은 그가 27세 되던 해인 1940년 9월에 그 전반부가 완성되었고, 그 이듬해인 1941년 2월에 후반부가 탈고되었으며 1943년에 책으로 발간되었다.

이 작품에서 카뮈가 자신의 사상이론을 정립하였고, 윤리의 기초를 세우기 위한 노력이 얼마나 큰지 드러내고 있다. 앞서 출간되었던 그의 작품들에서 암시되어 있던 인간 부조리의 감정이 이 작품에서는 냉철하게 분석되면서 부조리 사상을 중심 삼는 세계관의 입장에서 자살은 불가피한 것인가, 아니면 살아가는 일은 가능한 것인가, 의미 없는 삶이 살 만한 가치가 있는가, 인간은 삶 속에서 행복과 위대한 업적을 달성할 수 있는가 등의 문제를 솔직하게 제기하고 있다.

작품의 줄거리는 대충 이러하다.

시지프스는 바람의 신인 아이올로스와 그리스인의 시조인 헬렌 사이에서 태어났다. 호머에 따르면 시지프스는 인간 중에서 가장 현명하고 신중한 사람이었다고 한다. 하지만 신들의 입장에서 보면, 그는 신들의 일에 간섭하는 못마땅한 인간이었다.

어느 날 시지프스는 제우스가 독수리로 둔갑해, 요정 아이기나를 납치해가는 현장을 목격하고 요정의 아버지 아소포를 찾아간다. 그리고 자신의 부탁을 들어주면 딸이 있는 곳을 알려주겠다고 하면서, 자신이 다스리고 있는 지방에 물이 몹시 부족해 백성들이 심한 고통을 받고 있으니 마르지 않는 샘을 만들어달라고 청한다. 아소포스는 시지프스의 청을 들어

준 후 딸이 납치당한 장소를 파악하고는 자신의 딸을 제우스의 손아귀에서 구해낸다.

　제우스는 자신의 비행을 엿보고 일러바친 자가 시지프스임을 알아차리고 전쟁신 아레스를 보내 시지프스를 잡아오게 한다. 시지프스는 호전적이고 잔인한 아레스에 대항했다가는 자신이 다스리는 지방이 피바다가 되리라는 것을 알고 순순히 지옥으로 향한다.

　지옥의 신 하데스는 시지프스에게 가혹한 형벌을 내리는데 그곳에 있는 높은 바위산을 가리키며 그 기슭에 있는 큰 바위를 산꼭대기까지 밀어 올리라고 한다. 하지만 시지프스가 온 힘을 다해 바위를 꼭대기까지 밀어 올리면 바로 그 순간에 바위는 다시 아래로 굴러떨어지게 된다. 그리하여 시지프스는 영원히 바위를 밀어 올려야 하는 영겁의 형벌을 받게 된다. 시지프스의 갖은 노력이 허사가 되어 또다시 바위를 밀어 올려야 하듯 우리가 하는 일도 결실 없이 시간만 보내는 경우가 많다. 같은 방법을 되풀이하면서 결과만 달라지기를 바라는 것으로는 운명을 바꿀 수 없다.

　아무도 빠져나오지 못해 죽음의 미로로 알려진 다이달로스의 미궁조차도 테세우스나 이카로스가 각기 다른 창의적인 방법으로 거뜬히 빠져나오는 것처럼, 다른 방법을 써야 한다.

　그러나 이러한 부조리를 누구나 다 의식하는 것이 아니라 대부분 사람이 의식하지 못한 채 살아가고 있다. 즉 의식은 일종의 무감각 상태에서 일상성 속에 빠져있게 된다. 그러나 의식이 완전히 깨어나 부조리를 인식할 때 인간은 실존한다고 할 수 있다. 즉 인간다운 인간이 되는 것이다

인간이 모순과 부딪쳤을 때 그것에서 벗어나려는 노력, 누구에게나 그럴 것이다. 그러나 카뮈는 부조리를 인간이 벗어날 수 없는 모순으로 보고 있다. 여기에서 생에 대한 비극적 감정이 존재한다. 그러나 이런 비극적 감정은 인간을 가두고 억제하는 대신에 구체적인 생존으로 뛰어들게 하려는 의미를 뜻한다. 그래서 이러한 인간은 조화로운 우주를 바라보는 것이 아니라 분열되고 찢긴 의식 가운데서 투쟁하는 인간이 된다.

집단 속에서 살아가는 인간 개개인은 윤리적인 측면에서도 숙명적으로 모순과 직면하게 된다. 그러한 모순에 직면하여 모순을 이루고 있는 상반되는 진리를 부조리한 그대로 받아들이면서 인간 속의 고귀한 그 무엇을 가지고 모순을 극복하려는 그의 반항적 자세가 윤리적 부조리에도 적용되고 있다.

카뮈의 이러한 사상이 1942년에서 1950년에 이르는 사이에 '조리의 문학' '절망의 문학' 이라는 이름으로 지칭되었다.

앙드레지드
(André Paul Guillaume Gide, 1869~1951)

앙드레 지드 **좁은문** | **전원교향곡**

앙드레 지드는 1869년 11월 22일 파리의 메디시스가에서 태어났다.

경제적인 어려움 없이 유복한 가정에서 자라난 그는 당시의 사회적 투쟁이나 혁명에 대한 글을 60세가 넘어서야 집필할 수 있었다고 한다.

앙드레 지드의 아버지는 파리 법과대학 교수였고, 어머니는 노르망디의 롱도가 출신으로 양부모가 신교도였다.

남프랑스 출신인 아버지와 북프랑스 출신의 어머니에서 상반되는 두 성향을 물려받은 지드는 자아의 내부적인 갈등을 일으키는 이질적인 두 요소 간의 조화를 실현하고자 문학세계를 형성하였다고 볼 수 있다.

이는 그의 생애 가운데 두 차례에 걸친 종교적 갈등과 체험이 깊게 연관되어 있기도 하다.

철저한 청교도적 교육을 받으며 자라난 앙드레 지드는 종교적, 도덕적으로 구속받으며 종교의 절대적 권위에 복종해야만 했다.

게다가 그의 천성은 감수성이 예민했기 때문에 가정교사를 통해서 교육을 받은 것이 전부였고, 외부적인 영향과는 거리가 먼 비교적 평온한 유년 시절을 보냈다.

지드는 나이 15세가 되면서 3세 연상인 외사촌 누이 마들렌 롱도에게 기인한 사랑을 발견하고 생애의 전환기를 맞는다.

작품《좁은 문》의 이야기에는 실제의 일들이 많이 언급되어 있다.

작품 속의 알리사는 지드의 사촌 누나 마들렌을 모델로 한 부분이 상당히 많다. 그리고 동생도 실제로 있었다고 한다. 그러나 마들렌은 지드와 결혼했지만, 소설 속의 알리사는 제롬과 결혼하지 않았다.

엄격한 종교적 분위기에 젖어 있던 청소년 시절의 지드, 그의 정신세계가 알리사를 통해 많이 표현되고 있다. 그러나 순수한 알리사의 내면에 보이는 서정적 아름다움과 슬픔에 동조하는 것으로만 이 작품을 이해함은 미흡하다.

지드 자신을 지배하고 있었던 청년기의 금욕주의에서 빠져나오려고 한 피투성이 싸움 장면의 〈배덕자〉와는 완전히 다르다.

청소년기의 금욕주의에 대한 지드의 동경은 그러한 싸움 이후에도 마음 한구석에 남아 있었다.

작가로서의 넘치는 애정을 알리사에게 쏟고 있는 대목을 엿본다면, 그것은 과거의 자기를 가엾게 여기는 마음, 혹은 사랑하는 사촌누나 마들렌의 젊은 날의 모습을 되새기는 대목이기도 하다.

지드는 원래 자유로운 인간성을 탐구하며 일생을 방황한 사람이었다. 너무나 허무한 자기희생에 내한 풍사가 집필 동기가 된 이 작품 《좁은 문》은 영원한 순례의 도상에 세워진 하나의 이정표와도 같다고 생각하는데, 줄거리는 이러하다.

일찍이 아버지를 잃은 주인공 제롬은 어린 시절을 외삼촌 뷔콜랭 집에서 두 살 위인 알리사, 한 살 아래인 줄리엣 자매와 함께 보낸다.

외삼촌과 외숙모가 언제부턴가 사이가 나빠지면서 외숙모가 젊은 중위계급의 군인과 시시덕거리며 사랑을 나누고 있는 것을 본 알리사는 슬픔에 빠진다.

늘 창가에 앉아 말없이 뜨개질만 하는 알리사의 슬픈 모습을 지켜보던 제롬은 알리사를 불행에서 벗어나게 해주리라고 결심한다.

어머니가 죽자, 제롬은 에콜 노르말에 입학했고, 주위의 권유로 외사촌 알리사에게 청혼하게 된다.

그러나 알리사는 거절한다. 아버지를 두고 불륜을 저지르던 어머니에 대한 괴로운 추억, 그리고 자신이 결혼해버리면 혼자 쓸쓸히 지내게 될 아버지를 보살펴 드리고자 하는 안쓰러운 마음, 그리고 동생 줄리엣이 제롬을 사모하고 있기에 동생에 대한 자애로운 생각, 또한 알리사 자신이 제롬보다 나이가 위라는 걱정 등이 거절의 이유였다. 그런 것들이 사고가 깊은 알리사에게 제롬에 대한 사랑의 갈등 원인으로 표현됐지만, 그러나 결코 이러한 것들이 결정적인 원인이 아님을 알 수 있다.

얼마 후 줄리엣이 제롬과 알리사가 깊이 사랑을 하고 있다는 것을 확인하고 홧김에 못생긴 포도원 주인과 결혼하여 다행히도 행복하게 지낸다.

이로써 알리사는 장애가 없음에도 불구하고 제롬과의 결혼을 여전히 거부했다. 그랬지만 제롬이 이탈리아 여행과 병역 등으로 세월을 보내고 있는 동안 두 사람은 사랑이 넘치는 서신을 왕래했다.

알리사는 가끔 제롬에게 자신이 좋아하는 찬양시를 적어 보냈는데, 마주 앉아 함께 공감할 수 없어서 안타까워하는 마음을 적기도 했다.

제롬의 삶에 있어서 알리사에 대한 사랑만이 유일한 희망이었다. 제롬은 그 사랑에 매달렸으며 그녀에게서 오는 것이 아니면 아무것도 기대하지 않았다. 그래서 또다시 결혼하자고 채근했지만, 알리사는 오로지 신앙만을 추구하여 '두 사람의 행복을 위해서가 아니라, 성스러움을 위해서 태어났다.'라고 대답했다. 편지 속의 알리사와 현실의 알리사, 그 차이에 피곤해진 제롬은 알리사에게 집착하는 자신을 혐오스러워하고, 이윽고 이렇게 독백이라도 하듯 말하고 있다.

'그녀는 언제나 나와 엇갈리게 된다. 그것은 그녀가 나를 피해서가 아니라 단지 끊임없이 생겨나는 집안일 외, 가난한 사람들에 대한 방문 따위 등의 일이 다 끝난 후에야 돌아오는 것이었다. 내게는 그 나머지의 극히 짧은 시간밖에는 기회가 없었다. 나는 언제나 분주한 그녀를 바라볼 뿐이었다. 그녀가 이런 자질구레한 일을 하는 것을 보고, 또 나 자신이 그녀 뒤를 따라다니기를 단념했기 때문에 그녀가 얼마나 나를 소홀히 하고 있는가 하는 느낌은 그다지 들지 않았을 뿐이다. 잠시나마 알리사와 이야기를 나눴을 때도 그것은 어설픈 대화에 지나지 않았다. 그녀는 마치 어린애 장난을 시중들어주는 식으로 끝내고는 막연히 미소 지으며 내 곁을 재빨리 지나가는 것이었다. 그럴 때면 그녀가 그 어느 때보다도 내게서 멀리 떠나가고 있다는 기분이 들었다. 뿐만이 아니었다. 그녀의 미소에는 가끔 멸시에 가까운, 어딘가 비꼬는 듯한 표정이 섞여 있는 것 같았다. 또 이렇게 내 욕망을 피하는 데 재미를 느끼고 있는 것 같기도 했다. 그럴수록 스스로 나무람 받을 짓을 하고 싶지 않았고, 또 내가 그녀에게 무엇을 기대하고 있는지 그녀에게 무엇을 비난해야 할지도 모호해졌다. 그리고 마침내 나는 모든 불만을 나 자신에게로 돌려버렸다.'

이렇듯 알리사의 마음속으로 들어가기 위해 자신의 일체의 이기심을 버렸다고 제롬이 또다시 고백하지만, 그녀는 다만 '하느님 속에서 함께 하자' 는 대답만 되풀이할 뿐이었다. 이처럼 대상이 없는 사랑에의 집착이란 무슨 의미가 있을까? 제롬은 고통스러웠다, 그리고 서서히 알리사와 멀어져 갔다.

3년이 지난 어느 날, 제롬은 알리사를 그리워하며 그녀의 집을 찾아갔다. 막상 그녀의 집 앞에 왔지만 현관문을 밀고 들어가지 못하고 뜰 앞에서 서성이고 있을 때 알리사가 나타났다. 제롬은 격정적으로 그녀를 포옹한다. 알리사는 오래전부터 제롬을 기다리고 있었다. 하지만 그 순간 제롬의 품에서 빠져나가며 "신은 우리를 위하여 더 나은 것을 준비하고 계시므로 그들은 그 약속한 것을 얻었다." 라는 성경 구절을 인용하고 제롬을 문밖으로 밀어냈다.

그것이 제롬에게는 자신의 현실적인 사랑과 행복을 단념한 알리사와의 마지막 만남이 되었다.

어느 날 제롬은 줄리엣으로부터 뜻밖의 편지를 받게 된다.

폐질환을 앓던 알리사가 파리의 작은 요양소에서 죽어갔다는 사연이었다.
 제롬은 알리사의 유언에 따라 일기장과 편지를 받아 읽기 시작한다.

 '제롬, 서로를 위해 사랑보다 더 훌륭한 것을 엿보게 되었을 때부터 때는 이미 늦었던 거야. 너의 덕택으로 내 꿈은 그처럼 높이 높이 올라갔었고, 따라서 이제는 인간 세상의 어떤 충족감도 그것을 손상시키진 못할 거야. 둘이서 같이 산다면 우리의 삶은 어떠한 것일까? 하고 나는 종종 생각해 봤어. 우리의 사랑이 완전치 못한 순간부터 난 지탱해 나갈 수가 없을 것 같아. 우리의 사랑을…'

 '덕과 사랑이 융합된 영혼을 지닐 수 있다면 그것은 얼마나 행복한 것인가, 사랑한다는 것, 힘껏 더 사랑하는 것 외에 다른 덕이라는 것이 있을 수 있을까. 나는 때때로 의심해 본다. 하지만 아아, 어느 때는 덕이란 사랑에 대한 항거로밖에 생각되지 않는다. 그럴 수가 있을까? 내 마음의 가장 자연스러운 경향을 감히 덕이라 부를 수가 있을까? 오오, 매혹적인 궤변, 허울 좋은 권유, 종잡을 수 없는 행복의 환영이여'

 '오늘 아침 라 브뤼에르를 읽다가 다음과 같은 구절을 발견했다.
 인생을 살다 보면, 때때로 금지되어 있기는 하지만 너무도 소중한 쾌락과 정다운 유혹이 있어 그것에 빠져들었으면 하고 바라는 것이 오히려 자연스러울 때가 있다. 이러한 유혹은 덕행으로 그것을 단념해 버릴 수 있다는 그 매력으로서가 아니면 도저히 물리칠 수가 없는 것이다.

어째서 나는 이 구절에서 구실을 찾아냈던가? 사랑의 힘으로 우리들 두 사람의 영혼을 동시에 사랑을 넘어선 저 건너까지 이끌어 갈 수만 있다면….

아아, 이제는 너무나 잘 알고 있다. 하느님과 그이의 사이에는 단지 나라는 장애물이 있을 뿐이라는 것을… 그가 말하는 것처럼, 처음에는 나에 대한 사랑으로 인해 그의 마음이 하느님께로 향했다 할지라도 이제는 이 사랑이 그를 방해하고 있을 것이다. 그는 나로 인하여 지체하고 나를 사랑하는 데만 마음을 기울인다.

나는 그가 덕을 향해 앞으로 나아가는 것을 가로막는 우상이 되었다. 우리 둘 중에 한 사람만이라도 거기에 도달해야 한다. 주여, 비열한 저의 마음은 도저히 이 사랑을 극복할 수 없게 되었으니 주여, 제발 그가 저를 사랑하지 않도록 만들 힘을 제게 주시옵소서…….'

비평가 자크 리비에르는 이렇게 말했다.

"이 작품은 한 번에 읽을 필요가 있다. 사랑을 가지고, 눈물을 가지고, 마치 알리사가 어느 아름다운 날 차분한 모습으로 의자에 앉아 책을 읽듯이…"

그렇다, 지드 자신의 분신이기도 한 이중의 의미를 가진 이 작품은 읽는 도중에 책을 덮어 놓지 못할 만큼 끌어당기는 힘이 있다.

알리사의 사랑을 얻기 위해 자신의 모든 것을 포기한 것. 알리사가 제롬을 사랑하며 욕구와 신앙과의 괴리로 번민하는 것. 이는 신앙이 현세적인 욕구를 포괄해내지 못하는 '좁은 문'이기 때문이다.

 작품 《전원교향곡》의 주제는 목사의 착각이다.
 그는, 그 의식의 밑바닥에 윤리적인 가면이 씌워진 다른 육욕적 욕망이 강하게 작용하고 있는 것을 깨닫지 못했다. 작가가 말하고자 한 점은 진정으로 눈먼 자는 목사라는 거다.
 《전원교향곡》의 줄거리는 이러하다.
 스위스의 어느 한적한 마을, 주인공 목사가 눈먼 소녀를 맡아 키운다. 그는 신의 뜻이라 여기며 눈먼 소녀의 이름을 제르트뤼드라 짓고 지적 능력을 발달시키는 노력을 한다. 어려운 환경 속에서도 그녀를 포기하지 않고 극진히 교육한 결과 그녀는 신앙적으로 급속히 성장했다. 사물을 볼 수 없었던 그녀가 상상할 때는 세상이 매우 아름다웠고, 목사는 자기가 극진히 돌봐주던 그녀를 사랑하게 된다.
 이런 사실을 알 리 없었던 목사의 장남인 신학생 자크가 제르트뤼드를 사랑하여 그녀와 결혼하겠다고 밝힌다. 목사는 거세게 반대하고 나섰다. 이때 목사가 자신을 사랑하고 있다는 것을 알아차린 제르트뤼드는 자크의 사랑을 거절하는데, 이 세상에는 신뢰와 사랑보다 고귀한 것은 없다고 생각했기 때문이다. 그러한 그녀의 종교교육을 위해서 복음서를 읽어주지만 카톨릭적인 영향을 받은 자크와 대립하고, 그 순간 목사의 눈에 '너희가 소경이 되었더라면 죄가 없으리라'는 예수의 말이 얼핏

들어온다. 얼마 후 제르트뤼드는 수술에 성공하여 세상을 보게 되었는데, 그녀가 본 것은 무엇인가. 마을에 돌아온 날, 제르트뤼드는 혼란에 빠진다. 세상은 아름다웠다. 그러나 인간의 모습이란 게 이토록 우수에 차 있음을 미처 생각지 못했던 것이다. 또 한편 목사 부인 아멜리의 그 늘진 모습을 보고 비로소 두 사람의 사랑이 얼마나 큰 죄인가를 깨닫게 된다. 그녀는 자기가 진정으로 사랑해야 할 사람이 자크란 것을 알았고 자크의 권유로 이미 개종하였으며, 목사에게 그 사실을 고백함으로써 목사를 고뇌의 구렁텅이로 몰아놓고서 그녀는 숨을 거둔다.

세계 제1차 대전 당시 지드의 친구들과 주변 사람들이 많이 카톨릭으로 개종해 떠났다. 그는 홀로 복음서를 탐독하며 자신을 성찰하기 시작했다. 지드의 이 소설은 1922년에 발표하였는데 이 작품은 바로 그 자신의 내적 대화와 마찬가지다. 주인공인 목사는 복음서를 자유롭게 해석하여 제르트뤼드를 인도했지만 그녀는 희생양이 되면서까지 카톨릭으로 개종하고 만다. 결과적으로 볼 때 목사는 그의 신앙에서 패배한 것이나 다름없다.

소녀가 자살하지 않을 수 없었던 것은 카톨릭적 윤리 때문이다. 다른 작품과 마찬가지로 지드는 여기서도 하나의 문제를 제시한다. 그러나 작품을 가지고 그 해결로 삼고 있지는 않다.

기드 모파상
(Gu De Maupassant, 1850~1893)

기드 모파상 **여자의 일생**

　기드 모파상의 대표작인 장편소설 《여자의 일생》은 원래 "어느 생애"로 번역되어야 마땅했으나, 영역본에서 여자의 일생으로 지칭됐다.
　작품 속의 주인공 잔은 수녀원에서 교육을 받은 뒤 미래에 대한 희망에 부풀어 끝없는 망상으로 가족과 함께 레푀플 저택에서 생활하고 있었다.
　과거 남작으로서 무신론자이며 낙천적인 인생관의 소유자인 아버지와, 금전이란 쓰기 위해서만 존재하는 것이라고 생각하며 타고난 선의를 보이는 귀족 출신다운 어머니 사이에서 꿈과 사랑을 배우며 잔은 성숙해 갔다.
　쥘리앵이 잔의 집안 식구와 친교를 쉽게 맺을 수 있었던 까닭은 같은 계급, 지체에 속하는 대등한 혈통이었기 때문이다.
　유난히도 귀족 자제와 혼인하기를 바랐던 어머니의 뜻, 그리고 잔 또한 쥘리앵의 잘생긴 외모에 반해서 현실을 제대로 파악할 만한 여유도 없이 단순한 사실에 의해 쥘뤼앵을 좋아하게 됐고, 결국 그들은 결혼하게 된다. 신혼여행을 떠난 잔과 쥘리앵이 이탈리아의 한 여관에 투숙했을 때 대낮에 잠자리를 요구하는 쥘리앵의 성욕에 대하여 잔은 이해하지 못했다. 오히려 사람의 품위를 떨어뜨리는 짐승 같은 행위로 생각할

만큼 쥘리앵과는 대조적으로 순진무구했다.

 수녀원의 기숙사를 갓 벗어난 잔은 결혼에 대해 무지했고, 이것이 그녀의 일생을 비극으로 이끄는 한 요소가 되기도 했다. 이와는 반대로 처가의 재산을 탐내어 결혼한 쥘리앵은 신혼여행에서 돌아온 후 잔과의 잠자리를 의도적으로 피하며 날이 갈수록 표변해져 갔다.
 권력에 대한 욕망과 유난히 인색할 정도로 재물욕이 강한 쥘리앵의 본심이 드러나자 잔의 부모는 불안감과 실망을 느끼며 뢰푀플의 저택에서 다른 영지로 떠나간다.
 행복한 결혼 생활을 기대했던 잔의 꿈은 한결같이 불행한 결혼 이후의 현실 앞에 허물어지고 날이 갈수록 일상적인 자리마저 빼앗겨버린다.

 쥘리앵의 사랑을 받지 못한 채 괴로운 나날을 보내던 잔은 어느 날 어릴 적부터 같이 자라온 하녀 로잘리가 사생아를 낳는 광경을 목격한다. 아기의 아버지가 자신의 남편인 쥘리앵이란 사실을 알게 되자 몹시 충격을 받고 몸부림치다 쓰러진다. 소식을 듣고 달려온 잔의 부모는 쥘리앵의 부정한 행위를 질책하였으나 그는 오히려 낭랑하게 맞선다.
 상황이 이쯤 되자 잔의 부모는 영지의 일부를 떼어주어 로잘리를 내보내는 것으로 사건을 수습했다.
 얼마 있지 않아 잔도 아들 폴을 낳게 된다. 남편에게 받지 못하는 애정을 폴에게 쏟아 마음의 평정을 찾아가던 잔은, 어느 날 자신만을 위해

기드 모파상 -여자의 일생

늘 걱정하던 어머니가 산책 도중 쓰러져 숨졌다는 뜻밖의 비보를 접하게 된다. 어머니의 유품을 정리하던 중 아버지의 절친한 친구가 어머니의 애인이었음을 수많은 편지 속에서 발견한다. 어머니의 불륜을 남편 쥘리앵의 외도와 연관시키며 지금까지의 어머니에 대한 신뢰가 붕괴되고 만다. 불성실한 부부 관계가 자신만이 아닌 여느 부부에게도 존재할 수 있다는 자각으로 잔은 더는 세상과 남편 쥘리앵에 대한 기대 없이 오로지 폴에게만 관심을 기울인다. 그 사이 쥘리앵은 이웃의 푸르빌 백작 부인과 애정 행각을 벌이다가 푸르빌 백작에게 발각된다. 격분한 푸르빌 백작은 때를 기다려 두 사람이 대담하게 사랑을 나누고 있는 이동식 오두막을 벼랑으로 밀어 비참하게 살해한다.

잔은 남편의 장례식을 마친 후 아버지의 교육 방침에 따라 아들 폴을 파리로 유학 보낸다. 학업에 관심이 없었던 폴은 잔의 기대와는 달리 여자의 꾐에 빠져 빚을 지게 되고 가산을 탕진하기 시작한다. 그러나 아들에 대한 절대적인 잔의 사랑은 맹목적이었다. 폴이 원하는 바대로 돈을 부쳐주어 결국 레푀플의 집까지 저당 잡혔다. 그 과정에서 충격을 받아 잔의 부친이 사망한다.

초라하게 늙어 버린 잔에게 이젠 아무런 희망이 없었다. 지친 듯이 세월을 죽이고 있을 때 하녀 로잘리가 찾아왔다. 잔의 불행을 더는 모른 척할 수 없다며 저당한 잡힌 집을 팔게 한다. 레푀플의 저택과는 달리

바다가 보이지 않는 작은 저택에서 로잘리의 보호를 받으며 슬픈 날들을 보내고 있던 잔은 급작스런 폴의 편지를 받는다. 폴의 아내가 아이를 낳고 숨을 거두었으며 폴 자신은 알거지가 되어 돈이 필요하다는 내용이었다. 잔은 하녀 로잘리와의 의논 끝에 갓난아기를 데리고 오게 한다.

매사에 의욕이 없었던 잔은 아기를 가슴에 안는 순간 삶의 활기를 되찾게 된다.

기드 모파상은 프랑스의 자연주의 작가로 널리 알려져 있다. 노르망디의 혈통을 이어받은 모파상은 부친 구스타프와 모친 로르 사이에서 두 아들 중 장남으로 태어났다.

12세가 되던 해에 부모가 별거하여 편모 밑에서의 생활로 바뀐 모파상은 그때부터 문학적 감화를 받는 한편 불우한 가정환경에서 성장하게 되었다. 그래서인지 모파상의 작품은 다정다감한 애정보다는 냉철한 삶의 태도를 많이 드러내고 있다. 더욱이 모파상은 이 작품을 통해 잔의 가족들이 낭만주의적 성향을 지녔지만, 필연적인 불행이 초래됨으로써 반전되는 인생의 문제를 다루고자 했다.

범신론자였던 잔의 아버지에 대해서는 관대했지만 피코 신부와 대비하여 등장시킨 톨비악 신부에 대하여는 모파상의 눈길이 곱지 않음을 마을 주민들의 종교에 대한 감화력 상실에서 여실히 보여주고 있다. 그러나 작품 구석구석에서 인간의 모습으로 나타난 하나님을 인정하고 있는 것을 발견할 수 있다.

보편적인 여성의 비극을 제시하는 이 작품은 선량한 한 여인이 결혼과 함께 시작된 환멸의 인생을 힘겹게 걸어가는 과정을 그린 염세주의적 필치의 작품이다. 모파상 자신이 살던 시대적 배경이 아닌 어머니를 모델로 하여 집필한 어머니 시대의 배경임을 모파상의 다른 작품에서도 선명하게 드러난다.

모파상 동생이 방탕했고 부친 또한 작품 속의 쥘리앵과 유사하게 하녀 및 귀족 부인들과 부도덕한 관계를 맺었기 때문에 끝내 모파상 어머니는 불행하게 지냈다. 귀족이 몰락하고 자본주의와 산업혁명이 한참 진행되어 가고 있음에도 잔을 비롯한 그녀의 부친인 남작과 남작 부인은 18세기의 낭만적 귀족 생활을 떠올리며 현실에 적응하지 못했다.

금전만능의 사고로 무너진 윤리 체계 안에서 살아가던 쥘리앵이 쉽게 목적을 달성할 수 있었던 반면에 이러한 사회적 배경 가운데 잔의 불행이 짙게 대비된다.

모파상의 스승인 플로베르의 작품 《보바리 부인》에서 주인공 보바리는 자신의 쾌락과 만족을 위해서는 파멸을 자초하면서도 끝없이 능동적인데 비해 잔의 여인상은 수동적인 자세로서 불행을 감내하며 살아간다. 이러한 점에서 모파상은 플로베르보다 오히려 퇴보적이다. 그러나 그의 작품에 드러난 정상적이지 못한 성격과 신체적 결함을 철저하게 객관적인, 냉정한 인물을 동반시킴으로써 심리전을 통해 구제할 길 없는 고독한 인간의 모습을 그림자로 나타내주었다. 절묘한 배경과 등장인물들의 선명한 심리 묘사, 그리고 통쾌한 결말 부분은 어느 누구도 감히 흉내낼 수 없다. 모파상의 이 작품에 대하여 톨스토이조차 극찬을 아끼지 않았다고 한다.

　모파상의 문학적 특색은 자연주의 완성자로서 평가받기에 부족함이 없다고 본다.

요한 볼프강 괴테
(Johann Wolfgang von Goethe, 1749~1832)

괴테 젊은 베르테르의 슬픔

　괴테는 1749년 8월 28일 프랑크 푸르트에서 출생하여 교양있는 문벌 가정에서 양친의 극진한 보살핌을 받으며 성장했다.
　부친은 과묵하고 합리적인 사고를 지녔음에도 때로는 익살스럽기도 했다. 어머니 엘리자베트는 사교적인 성격의 소유자로서 낙천적인 인물이었다.

　괴테는 넉넉한 부모의 사랑을 받으며 가정교사로부터 교육을 받으며 천진난만하게 유년기를 보낸다.
　1759년 프랑스인들이 프랑크 푸르트를 점령하자 프로방스 출신의 총독 토랑 백작이 괴테의 집에서 머물게 된다.
　유서 깊은 골목마다 박공지붕의 좁다란 집들이 복잡하게 얽혀있고, 강변의 낡은 서민주택에는 예술가들이 가난을 즐기며 살고 있기도 하다.
　예술을 사랑하는 총독은 프랑크 푸르트의 예술가들을 자주 집으로 불러들였던 관계로 어린 괴테는 일찍이 프랑스 연극을 자주 보게 되었고 또한 라신, 코르네유, 몰리에르 등의 공연을 관람하기도 하였다. 1763년에 일곱 살난 모차르트의 연주회를 감상했으며, 그 다음해에는 요셉 2세의 화려한 황제 대관식을 구경했다.

부친은 감수성이 뛰어난 괴테에게 교양과 풍부한 체험의 지식을 갖추도록 세심히 배려하며 교육을 시켰다. 특히 고대언어에 흥미를 느끼는 괴테는 괴팅겐에서 고고학을 공부하고 싶어했지만 부친은 라이프치히 대학에서 법학을 배우도록 결정했다.

1765년 16세의 괴테는 아버지의 희망대로 라이프치히에서 자유분방하게 대학생활을 즐기며 최초의 습작을 하기에 이른다. 그러나 3년이 채 되기전 병마로 인해 프랑크 푸르트 집으로 돌아와 휴양을 하게 된다. 병중에도 파라셀수스의 저작에 심취하여 자연과 영육의 상호관계를 깊이 이해하게 되는 계기가 된다.

그리고 질병이 완쾌된 1770년 부친이 원하는 대로 다시 법학공부를 마치기 위해 슈트라부르크 대학으로 집을 떠난다. 그곳에서 헤르더와의 만남을 통해서 민요의 본질, 단순한 동작어 및 소박한 상징대상의 표현력을 배우게 되고, 언어의 음향효과에 대한 감각도 익혔다. 어느날 괴테는 제젠하임에 있는 목사의 집을 방문하여 목사의 딸인 프리데리케 브리온을 만나게 된다. 그녀를 보는 순간부터 열렬한 사랑에 빠져 서정시를 쓴다. 그녀와의 사랑은 오래가지 못하고 결별한 후 젊은 법률가로서 고향도시에 정착한다. 변호사 업무를 시작하며 소송에서 주로 유태인 거리에 사는 주민들 편에 서서 최선을 다하는 일상들이었지만 그러나 법률지식은 문학적 구상 뒤로 밀려나게 된다. 많은 분량의 독서를 하는 가운데 특히 괴츠의 자서전에서 감화를 받아 《괴츠 폰 베를리힝겐》을 저술하여 그의 이름이 알려지기 시작한다.

《젊은 베르테르의 슬픔》은 괴테가 1772년 베츨러의 구 독일 재판소인 제국대법원에서 일하던 시기에 만난 샤를로테 부프를 향한 열렬한 사랑에 기인하여 쓰게 된 작품이다. 이미 약혼자인 케스트너가 있었던 그녀에 대한 괴테의 연모는 깊어갈수록 케스트너와 갈등 관계에 휩싸이면서 프랑크 부르트로 돌아와서도 생의 고뇌를 뼈저리게 느끼는 일상이었다.

그때가 괴테의 나이 25세(1774년)에 쓴 작품이다.

친구인 케스트너의 약혼녀 샤를로테에 대한 괴테의 실연 체험을 바탕으로 한 이 소설은, 라이프치히 대학에서 함께 공부하던 예루살렘이 사회생활에 적응할 수 없는데다 유부녀에게 실연당해 권총자살한 사건(1772.10.30)을 소재로 쓴 작품이다.

《젊은 베르테르의 슬픔》이 사회에 미친 영향은 대단했다.

끝없이 자유롭고 싶은 이상이었으나 현실의 상황에서 스스로를 묶게 하는 구속의 갈등, 그리고 남의 약혼녀에 대한 어긋난 사랑, 인습에 대한 반항 등으로 고민하던 중 결국 청년 베르테르가 권총자살을 하는 것으로 막을 내리는 작품이다.

당시 민감한 젊은이들의 감수성에 크게 반응을 주어 공감한 이들의 자살이 유행되기도 했다. 또한 젊은 남자들은 작품 속의 베르테르같이 파란 웃옷에 노란조끼를 걸치고 다녔으며, 여성들은 로테처럼 그러한 사랑 받기를 원했다고 한다.

사회의 관습이나 도덕적 규범보다 마음속으로 끓어오르는 폭풍같은 감정이 더 중요하다며 계몽주의 문학에 반기를 들은 괴테는 독일문학뿐만 아니라, 전 세계문학에 큰 영향을 미쳐 베르테르와 로테의 실루엣은 중국의 유리공예품에까지 그려지고 나폴레옹은 이 소설을 이집트까지 들고 일곱 번이나 되풀이하여 읽었다고 한다.

베르테르의 생각은 당시 이성을 중시한 계몽주의적 교육과는 달리 자신의 생각을 숨기지 않고 언행이 일치되는 아이들이야말로 자연성을 가장 잘 간직하고 있다는 것이다. 즉 사소한 놀이까지도 장차 그들이 지녀야할 일체의 덕성과 힘이 싹을 틔우고 있다며 따라서 우리는 자연성을 지닌 아이들을 모범으로 삼아야된다는 것이다. 어른들은 아이들을 마치 예속물처럼 다루고 있으니 문제라는 것이다. 단지 나이가 많고 분별력이 있다고 아이들보다 어른이 훌륭한 것은 아니란 것이다. 이성을 앞세우며 아이들의 생각과 행동을 어른들의 틀에 넣어 그 자연성과 개성을 억압하고 파괴해서는 안 된다는 괴테 자신의 교육관을 작품 속의 주인공인 베르테르를 통해서 아마도 말했던 것은 아닐까?

헤르만 헤세
(Hermann Hesse, 1877~1962)

헤르만 헤세 데미안

헤르만 헤세는 남부 독일 슈바벤의 작은 도시 칼브에서 아버지 요하네스 헤세와 어머니 마리 사이에서 태어났다.

그의 아버지는 북독일의 러시아 인으로 스위스에서 학업을 마친 선교사였고, 어머니는 인도에서 태어나 영국인 선교사와 결혼하여 함께 선교 활동을 하던 중 남편과 사별한 뒤 외조부가 출판사를 경영하고 있던 칼브로에서 머물던 중 요하네스 헤세를 만나 재혼하게 되었다.

외조부 군데르트는 영어와 불어 등 외래어를 자유자재로 구사하는 탁월한 인물이었기 때문에 어린 헤세에게 깊은 인상을 주었다.

또한 칼브의 아름다운 경관은 그를 위하여 준비된 것처럼 동심을 마음껏 펼칠 수 있었고, 신앙심 깊은 부모들의 빈틈없는 생활은 숭고한 신앙적 세계를 갖게 하는데 부족함이 없었다.

헤세는 14세가 되어 마울브론 신학교에 입학했지만 7개월만에 자살을 기도하는 극심한 심경변화로 정신병원에서 치료를 받게 된다. 1년 후 일반 고등학교에 입학한 그의 성적은 우수했다. 하지만 남다른 사춘기를 겪으며 퇴학을 당하는 불행을 자초한다. 지병을 앓고 있는 어머니를 위로하려는 마음에서 서점의 견습점원으로 일하다가 시계공장에서 3년간 근무를 하며, 시간 틈틈이 시와 수필을 습작하며 본격적으로 문학

수업이 시작되었다. 그 당시 그는 낭만주의 문학에 경도되어 1899년에 처녀시집 《낭만적인 노래》에 이어《자정 후의 한 시간》이라는 두 번째의 시집을 출간하여 릴케로부터 인정을 받게 된다. 1901년 출간한 시집 《헤르만 라우너》로 일약 시인으로 행세할 수 있게 된다. 사실 그는 어머니에 대한 감사와 사랑을 표시하려는 마음에서 세 번째 시집을 바치려 했다. 하지만 그의 어머니는 사망하고 만다. 정신적 지주였던 어머니의 죽음으로 인해 갈등 속에서 스위스, 이탈리아를 여행하면서 세월을 보낸다. 1904년에 이르러서는 최초의 장편소설 《향수》를 발표하여 문학적 지위를 확고히 다지게 된다. 그해에 연상인 피아니스트 마리아 베르놀리와 결혼하여 스위스의 보덴 호반의 마을 가이엔 호펜에 농가를 빌어 창작에 전념하게 된다. 그곳에서 자신의 학창시절의 경험을 토대로 《수레바퀴 밑에서》를 비롯하여 시와 소설 등 많은 작품을 저술하였다.

  그 후 인도여행을 통하여 동양 세계에 큰 관심을 갖게 된다. 1차 세계 대전 이후에는 독일의 상황에 적극적이지 않다는 독자들의 비난을 받기도 하였다. 그리고 아버지의 죽음과 아내의 정신병 등, 혼자서 감당할 수 없는 신상의 변화를 한꺼번에 겪고 난 후 작품 세계가 새롭게 변화하여 인간 내면세계에 관한 깊은 탐구에 이른다. 그래서 2차 세계 대전 중에는 나치의 광신적 폭정에 저항하면서 인도주의 정신에 입각하여 구제사업을 펼치기도 하였다.

  만년에는(1931) 몬타뇰라에서 니논 돌빈 여사와 세 번째 결혼을 하고 비로소 안정을 되찾게 된다. 왕성한 창작 의욕으로 시, 소설, 평론, 수기 등 다양한 분야에 걸친 많은 작품을 내어놓았다. 1952년에는 헤세 탄생 75주년을 기념하는 행사가 독일과 스위스에서 개최되었고, 《헤세 전집》전 6권이 간행되었다. 1956년 79세 되던 해에 서독 카를스루에서 에서는 「헤르만 헤세 상」을 제정하였다.

1962년 8월 9일 몬타뇰라에서 뇌일혈로 숨진 헤세는 어린 시절부터 정신적 방황과 갈등을 통해서 내면에 관한 깊은 성찰을 하였다. 만년에 이르러서 정신적 안정과 평화를 되찾아, 삶과 현실을 사랑하는 성숙된 인간의 모습을 그의 문학 세계 전체를 통해서 우리에게 보여주고 있다.

《데미안》작품의 줄거리는 다음과 같다.

귀족과 상류층 자녀들만 다닐 수 있는 라틴어 학교에 입학한 싱클레어는 열 살 때부터 내면에 두 개의 세계가 공존하고 있었다. 하나는 안정되고 평화로운 세계였고, 다른 하나는 복잡하고 유혹적인 어두운 세계였다.

양자 대립적 정신세계에서도 전자가 바람직하다고 생각했지만, 지금까지의 투명한 생활에서 몰랐던 도무지 정체를 알 수 없는 일들에 더욱 매료되고 만다.

그런 어느 날 싱클레어는 공립학교에 다니던 프란츠 크로머라는 불량소년을 만나게 된다. 그를 통해 싱클레어도 어두운 세계의 일원이 되어 갔다. 싱클레어는 크로머에게 환심을 사기 위해서 거짓말을 하게 된다.

점차 크로머의 단단한 마수에 걸려들어, 부모를 속이고 돈까지 훔치는 행위까지에 이른다. 집에서 조용히 책을 읽다가도 크로머가 부는 휘파람 소리만 들으면 자신도 모르게 악의 세계로 이끌려간다. 하나님과 영원한 맹세를 걸고 한 거짓말로 비롯되어, 프란츠 크로머에게 온갖 수모와 괴로움을 당한다. 점차 금지된 구역, 어두운 세계에 눈을 주며 싱클레어는 그 고통을 감당하지 못해 자주 가위에 눌린 듯한 두려움의 나날 속에서 토하고, 오한이 나는 등, 일종의 정신착란 증세까지 보이는 그는, 밝고 맑은 안정된 가정의 분위기로부터 유리되어 가족과 어울리지 못한 채 기가 죽어지낸다.

숨 막히는 나날을 보내고 있는 싱클레어에게 전학 온 막스 데미안이 유일한 구세주가 된다. 데미안은 이 마을에 새로 이사 온 유복한 과부의 아들로 소매에는 늘 상장을 달고 다니는 슬기롭고 자신감이 넘치는 소년이었다. 그는 싱클레어보다 몇 살 위이긴 했으나 나이보다 훨씬 정신적으로 앞서 있었다. 그래서 많은 학생들의 관심을 끌었고, 싱클레어 또한 호감을 갖는다. 하루는 데미안이 싱클레어에게 성경에 나오는 카인과 아벨에 대해 새로운 평가를 들려주었다. 카인은 용감하고 고귀한 사람이며, 아벨이 오히려 비겁자라고 한 데미안의 말은 싱클레어에게 크나큰 충격이었다. 그때까지 싱클레어는 크로머의 손에서 벗어나지 못하고 있었는데, 우연한 기회에 크로머에게 부정적인 자신의 뜻을 단호하게 말한다. 이후 다시는 크로머가 싱클레어 앞에 나타나지 않았다.

싱클레어는 데미안의 도움으로 악마의 사슬에서 풀려난 셈이다. 부모님께 참회하고, 다시 밝고 안정된 평화로운 세계로 되돌아 왔지만, 부모가 있는 가정과는 다른 세계인 데미안의 세계에 존재했던 것이다. 그래서 데미안 역시 또 다른 유혹자였으므로 싱클레어의 어린 영혼의 샘터에 돌멩이가 날아든 격이었다.

싱클레어가 크로머와 헤어진 후 몇 년의 세월이 흘렀다. 데미안은 그때까지 그에게 상당한 영향력을 미치는 존재였다. 데미안 역시 밝은 세계에 속해있지 않은 사람이었다. 이 점에 있어 싱클레어는 아벨을 버리고 카인을 찬양하는데 조력할 수 없었을 뿐더러, 그러고 싶지도 않았던 것이다. 이것이 싱클레어가 데미안을 잊으려 한 표면적인 사정이었다. 데미안은 어느 누구와도 가까이 하려 하지 않았으며, 다른 어떤 사람도 그와 친하지 않은 특이한 소년이었다. 그런데 싱클레어는 그러한 데미안의 신비한 정신세계로 이끌려 들어가 내면세계에 완전히 침잠되어 데미안을 의지하며 닮아보려고 노력을 아끼지 않았다. 그런데 데미안을 따라 할수록 싱클레어에게는 고독과 방황만이 존재했다. 그것은 그의 기묘한 사고방식에 불신감을 가졌고, 보다 더 큰 이유는 자기 자신에 이르는 길을 걷는 것에 대한 불안이었다. 만약 데미안에게 의지했더라면, 부모님의 경우보다 요구하는 것이 훨씬 많았을 것이다. 격려, 경고, 경멸, 야유 등으로 싱클레어를 좀더 '독립된 인간'으로 만들려고 시도했을 것이 틀림없었기 때문이다. 그러한 방황 가운데 소년시절을 보내고 결국 졸업을 맞이한다.

김나지움 기숙사에 들어간 싱클레어는 교우들로부터 불량스러운 학생이라는 비난을 들으며 소외된 혼자만의 생활이 지속된다. 그러던 어느 날 우연히 길가 공원에서 기숙사에서 나이가 제일 많은 알폰스 베크를 만난다. 그와 술을 함께 마신 이후, 싱클레어는 다시 선과 악의 세계에서 갈등하게 된다. 가정에서 멀어져 나쁜 친구들과 어울려 방탕한 삶을 산다. 그러던 중 겨울 방학이 지나고 파릇한 새싹이 돋아나기 시작한 초봄 어느 날에 알폰스 베크를 만났던 그 공원에서 라파엘로 전기파의 소녀상을 닮은 한 소녀를 발견하고 '베아트리체' 라는 이름을 붙이고 사랑에 빠진다. 그리고는 자신의 본래 모습으로 돌아왔는데, 자신이 우연히 그린 베아트리체의 초상화가 그가 사랑하는 베아트리체를 닮은 것이 아니라 오히려 데미안의 모습과 흡사한 것을 알고 깜짝 놀랐다. 그러나 그 모습을 석양에 비추어 보면 싱클레어 자신의 모습과 흡사하게도 보였는데, 그 그림이 결국 자신의 내면에 속해 있으면서 자신의 생활에 관여하는 운명의 모습임을 깨닫게 된다. 그리고는 내면적 방황을 계속하면서 누구와도 어울리지 않았고 다음해 봄에 김나지움을 졸업하고 대학에 들어가야 했는데도 방황만이 계속되었다. 그리고 목사의 아들 피스토리우스, 동급생인 크나워와의 만남을 통해서 정신적 교류를 꾀하지만 결국 실패하고 데미안과 만날 것을 간절히 기원한다. 그래서 김나지움을 졸업하고 대학을 가기 전 휴가를 이용하여 데미안을 만났으며, 그로부터 곧 세계 전쟁이 일어날 것이며 자신은 전쟁터로 나갈 것이라는 말을 전해 들었다. 그리고 집에 돌아와 다음날 아침 잠에서

깬 후에는 세상이 달라져 보였다. 며칠 후 데미안의 어머니 에마부인을 만나 보니 시간의 흐름과는 무관하면서도 영혼에 넘치는 의지만을 담고 있는 얼굴을 가진 그녀에게 이끌려 들어가 대학 생활 중에도 자주 찾아가 꿈같은 시간들을 보냈다. 그러나 오래 지속될 수 없는 관계임을 깨닫고 그녀와 이별한 후 싱클레어도 전쟁터로 나간다. 아군 점령지역의 한 농장에서 보초를 서 있던 싱클레어는 갑자기 들려온 굉음과 함께 흙무더기에 뒤덮여 누워 있었는데 비몽사몽간 눈을 떴을 때 데미안의 얼굴을 보게 된다. 데미안은 싱클레어의 귀에 바싹 입을 대고는 다시는 싱클레어가 자신을 만나볼 수 없을 것이며, 이제부터는 싱클레어 자신의 내면에 귀를 기울여 보면 바로 데미안의 모습은 영원히 사라진 뒤였다. 그러나 싱클레어의 내면에는 데미안과 같은 친구이며 지도자인 바로 자신의 모습이 담겨 있었다.

《데미안》은 사랑과 죽음, 탄생 그리고 변형이 반복되면서 마치 몽환과도 같은 이야기들을 짧게 요약한 것이라 할 수 있다. 이 작품에서는 변환이 작품 전체를 지배하며, 하나의 관념에 머무르지 않고 계속 새로운 탄생을 만들어내는 실체로써 드러난다. 그래서 작품에 깔려있는 전쟁 후의 암울한 잿빛 색채는 새로운 탄생의 가능성을 암시해줌으로써 독자들의 새로운 시작을 알려준다는 점에서 시사하는 바 크다.

《데미안》은 1919년에 초판이 발간된 작품으로서 「에밀 싱클레어의 청년 시절의 이야기」란 부제가 붙어 있다. 이 작품은 세계 제1차 대전

전에 유럽 사회에 팽배한 퇴폐적이고 타성적인 문명과, 기성세대의 모순된 윤리관과 종교관 등에 대해 통렬한 비판을 가하고 있었기 때문에 작가는 에밀 싱클레어라는 익명으로 발표할 수밖에 없었다. 싱클레어는 이 작품에서 인간 내면세계의 양극성에 고뇌하며 방황하는 주인공의 이름으로 설정되어 있다.

 사람마다 각자의 본래 임무는 미지의 자기 운명을 찾아 내고 그 운명과 더불어 완전히 철저하게 '자기 자신'의 세계를 살아가는 것이다.
 유럽이 황폐해진 것은 자기의 영혼을 상실했기 때문이다. 그 속에서 표지를 가진 사람들의 의무는 각자 완전히 자기 자신이 되는 것이다. 자기 내부에서 싹트는 의지에 따라 불확실한 미래에 대한 준비를 갖추는 것이다.
 낡은 세계가 붕괴되고 새로운 이상, 새로운 세계가 열리려 할 때, 시대와 걸음을 같이 하고 운명이 명하는 곳으로 가서 설 각오를 가진 인간이 바로 표지를 가진 인간이다.
 이 표지를 가진 인간으로서 싱클레어와 데미안은 전쟁을 맞는다. '전쟁'이란 새로운 세계의 탄생을 위한 파멸이다. 그것은 '새는 알을 깨고 나온다. 알에서 빠져나오려면 하나의 세계를 파괴하지 않으면 안된다' 라는 말과 연결된다. 거대한 새가 알에서 부화하려고 싸우고 있는 것이며, 알은 바로 '세계'이다. 세계는 산산이 깨져야만 새로운 세계가 열리는 것이다.

싱클레어는 전쟁터에서 낡은 세계의 종말은 새로운 세계의 시작임을 자각하게 된다. 그리고 마침내 그를 이끌던 선도자 데미안이 바로 자기 자신의 모습임을, 자신을 이끄는 것은 바로 자기 자신뿐임을 자각하게 된다.

가와바타 야스나리
(川端 康成(かわばた やすなり, 1899~1972))

가와바타 야스나리 설국

《설국》은 도쿄 태생인 시마무라가 설국의 기생 고마코에게 이끌려 설국의 온천장을 3번 찾아가는 왕복의 행로가 중심 구도로 자리 잡고 있다.

설국은 눈으로 교통이 두절되는 곳으로 묘사되는데, 시마무라에겐 하나의 별천지로, 세상과 단절된 한 고장으로 다가서고 있다.

그래서 그는 이 고장에서 살아 있는 사람으로서라기보다는 삶의 정열이 있는 사람들을 바라보는 하나의 눈처럼 독자에게 전달하고자 한다. 그런데 설국이 더는 고립된 세상이 아니게 되자, 시마무라의 도피처 역할 또한 멈추게 된다.

시마무라가 고마코와 헤어져 두 번째로 설국을 떠날 때, 그는 객차 안에서 한 쌍의 남녀를 주시하게 된다. 비현실적인 것에 올라타 시간과 거리의 관념도 사라진다. 젊은 남녀를 우리에게 보여 주던 시마무라가 갑자기 자신과 고마코의 모습을 연상하며, 기차 바퀴 소리를, 힘차게 살아가는 여자의 그것이라고 여긴다. '인연이라면 또 만나겠지.' 라는 말을 남기는 상대편의 남자가 자신인 듯 착각하며 그는 슬픔에 잠긴다. 첫 번째 만남에서 우정으로 상징했던 고마코와의 관계가, 두 번째 만남에서는 남녀의 성숙된 관계로 느끼고 시마무라는 스스로 감정정리를 하고 떠나려 한다.

작품 《설국》은 가와바타의 생의 중기에 쓴 대표작이다. 이 작품은 맨 처음 기차가 터널을 통과하는 장면으로부터 현실 세계와 가와바타가 설정한 미적 세계가 터널이라는 하나의 과정을 거쳐 이원화되어 등장한다. 그러한 이원적 세계에서 작가는 자신이 추구하는 심미 대상을 하나의 정적인 세계가 아닌 움직이는 실체로서 묘사해 가고 있다.

가와바타 야스나리는 1899년 오사카시에서 태어났다. 아버지는 의사로 문학에 취미가 많았으나, 그가 2세 되던 해에 세상을 떠났고 이듬해에는 어머니마저 사망하였다. 누이 하나가 있었지만, 그는 백모댁에서 양육되었으며, 조부모와 함께 살게 되었다. 7세가 되던 해에 할머니가 사망하였고, 몇 해 후에는 누이도 뒤따라 세상을 뜬다. 할아버지도 세상을 일찍 뜨고 말았다. 일찍이 혈육을 잃고 혼자 지내다 보니, 고독과 허무를 뼈저리게 맛볼 수밖에 없었다. 가와바타가 문학에 뜻을 두게 된 것도 외롭고 허무한 인생을 견디어 나가는 힘을 얻으려는 의도에서였다. 오사카에서 중학교를 졸업하자 1917년 도쿄로 옮겨 제일 고등학교 영문과에 입학하였으며, 3년간 기숙사 생활을 하면서 러시아 문학에 깊이 심취하였다. 그는 고교 시절 이즈로 여행하여 떠돌이 광대와 길벗이 된다. 이때 겪은 일이 《이즈의 춤추는 소녀》로 작품화되어 나타난다. 1920년에는 도쿄 제대 영문과에 진학했다가 이듬해 국문과로 옮겼다. 그 무렵부터 활발하게 작품을 쓰기 시작했다. 그러나 본격적으로 문단에 진출한 것은 1924년 대학을 졸업한 뒤 20여 명의 신인 작가들이 모여서 《문예

시대》를 창간할 때에 그 창간사를 쓰면서부터라고 하였다. 가와바타는 그 창간사에 '일본 문단은 지금 과도기에 서 있다. 젊은이가 멸망을 극복하는 길은 오직 미래로 나아가는 길이 있을 뿐이다' 라고 말함으로써 새로운 문학 사조를 건설할 뜻을 비쳤다. 그래서 젊은 세대의 새로운 감각에서 일어난 신감각파가 《문예시대》를 창간하게 되었지만 동인 중 한 사람이 자살함으로써 1927년 《문예시대》가 폐간되고 해체될 수밖에 없었다. 이후 가와바타는 독자적인 미적 세계를 추구하면서 《설국》을 집필하게 된 것이다. 《설국》은 1935년에 시작하여 1947년에 완성되었다. 1968년에 노벨문학상을 받게 됨으로써 가와바타는 일약 세계적 문인으로 부상하게 되었다. 그런데 4년 뒤인 1972년 4월 16일 뚜렷한 이유 없이 자살로써 세상과 결별하고 말았다.

작품의 줄거리를 좀 더 세심히 살펴보자면 주인공 시마무라는 눈 고장인 설국에 등산하러 갔다가 그곳에서 우연히 고마코라는 기생을 만나게 된다. 그가 처음 만났을 때 그녀는 기생이라고 하기엔 아직은 순진한 처녀의 티를 벗지 못한 청결한 인상의 여자였다. 고마코는 춤 선생의 아들과 약혼한 사이로 알려져 있으며, 병든 약혼자의 요양비를 벌기 위하여 기생이 되었다고 하였다. 처음 고마코가 시마무라를 찾아왔을 때 그녀에게 흠뻑 빠지게 되었으면서도, 이러저러한 대화만을 나눈 채 그냥 돌려보냈다. 그러자 고마코는 술에 취한 채로 여관으로 찾아오기도 하고 이른 아침에 오기도 하였다. 시마무라는 계절에 관계없이 고마코를 만나기 위해 도쿄에서 이곳으로 오곤 하였다. 계절이 가고 한 해가 지남에 따라 고마코의 모습은 주위 풍경만큼이나 몰라보게 변화되어 갔다. 그 사이 고마코의 약혼자라고 알려진 환자 유키오는 죽음을 맞이하였다. 그가 겨울철 처음 설국에 찾아가던 때에 함께 열차를 타고 갔던 요코라는 여자에게서 또 다른 매력을 느끼게 된다. 고마코는 죽은 유키오를 잊은 듯 시마무라를 사랑한다고 하면서 애타게 찾게 되었고, 요코는 유키오의 무덤을 날마다 찾아가곤 했다. 시마무라는 고마코가 이제는 한곳에 정착하고 싶다고 말했을 때 이 고장에 다시는 오지 못할 것같이 생각되었다. 그래서 이 고장 근처에 있는 지지미를 메는 마을을 돌아보고 가리라고 결심하고서 여관을 나서서 그 마을에 들렀다가 돌아오고 있었다. 그런데 갑자기 불이 났다는 외침과 함께 사람들이 극장 쪽으로 몰려가는 바람에 고마코와 시마무라도 그곳을 향해 달려갔다. 그곳에 이르러보니 뜻밖에 요코가 화염에 휩싸인 채로 건물 2층에서 떨어졌고, 고마코는 울부짖으며 요코가 떨어진 곳으로 달려갔다. 이 《설국》에 나오는 고마코는 작가인 가와바타가 추구하던 심미적 세계의 정점에 서 있는 존재이다. 그래서 자연의 변화와 인물의 변화는 서로 교감하면서 미감을 연출하고 있다. 이러한 인물과 결합된 풍경은 일본문학 특유의 서정성을 부각시키면서 가와바타 자신의 개성적 분위기를 연출하여 애잔하고 섬세한 감성적 표현은 어린 시절부터 고독하게 성장한 가와바타에게 있어서 이러한 여성 형상은 자신이 갈구하던 어머니의 이미지이기도 했다. 그러나 현실적인 부재로 인해 그는 계속 방황해야만 했다. 여기에서 그가 창조해 낸 여성 형상도 현실에 존재하기 어려운 어떤 정신적이고 이상적인 존재로서 상승해 간다. 또한 일본의 고유한 풍습인 다도가 이러한 미적 형상을 뒷받침해 주는 하나의 행위로 도출되는데, 다도를 통한 정신 수양과 그에 수반하는 내면세계의 탐구는 결국 하나의 미적 탐구로 결말 지워지고 있다.

이러한 탐구의 과정은 《설국》에 이르러 고도로 내면화된 결정체로 결집하여 그의 독특한 문학 세계를 이루게 된다.

어니스트 밀러 헤밍웨이,
(Ernest Miller Hemingway, 1899~1961)

어니스트 헤밍웨이
프랜시스 매코머의 짧고 행복한 생애

〈프랜시스 매코머의 짧고 행복한 생애〉는 1936년의 아프리카를 소재로 한 단편소설이다.

이 작품은 돈 많은 주인공이 인간적 쾌락을 추구하기 위한 한 방법으로 아프리카 초원에서 짐승사냥을 즐기는 내용을 담고 있다. 도박에서와 마찬가지로 순간에 승부를 거는 사파리(아프리카 동부에서의 사냥, 원정 여행)는 목숨을 승부의 조건으로 건다는 점에서 매코머를 자극하기에 충분한 것이었다.

반복되는 일상의 무료함이 매코머에겐 죽음의 상태와도 같은 삶으로 이끌었다면 사파리는 매코머로 하여금 순간적으로나마 죽음과 같은 삶에서 깨칠 수 있는 무기였고, 자신의 존재를 일시적으로 느끼게 하는 도구였다.

"놈이 저기 죽어 있군요. 잘하셨습니다."

윌슨이 이렇게 말하고 나서 뒤돌아보며 매코머의 손을 덥석 잡았다. 서로 쓴웃음을 짓고 악수를 나누고 있을 때 토인이 무섭게 소리를 지르며 덤불 속 모서리로 게처럼 뛰어나오는 것이 보였다. 뒤따라 뛰어나오는 물소, 코를 번쩍 내밀고 덤벼들었다. 조그마한 돼지 같은 눈으로 그들을 노려보며 핏대를 올리고 있었다. 앞에 섰던 월슨이 무릎을 꿇고서 쏘았다. 매코머도 쏘았다. 그러나 그의 총성은 월슨이 쏜 총성으로 해서 들리진 않았다. 다만 커다란 뿔 끝에서 슬레이트 같은 파편이 튕기는 것을 보았다. 머리가 움칠하고 움직였다. 그는 넓적한 콧구멍을 겨누어 또 쏘았다. 뿔이 몹시 흔들리고 파편이 나는 것이 보였다. 월슨의 모습은 벌써 안중에도 없었다. 조심스럽게 겨누어 그는 또 쏘았다. 그때는 벌써 물소의 큼직한 몸둥이가 그에게 덮칠 정도로 박두해 있었고, 그의 총은 코를 내밀고 덤벼드는 물소 대가리와 거의 맞닿을 지경이었다. 악에 찬 사악한 두 눈이 보였다. 대가리가 수그러지기 시작했다. 순간 그는 백열의 눈이 핑 도는 섬광이 머릿속에서 터지는 것을 느꼈다. 그리고 그것이 그가 느낀 전부였다.

월슨은 어깨를 쏘려고 한쪽 옆으로 비켜서서 자세를 갖추고 있었다. 매코머는 똑바로 선 채 코를 겨누어 쏘고 있었다. 그러나 번번이 약간씩 높아 총알은 묵직한 뿔에 맞아 슬레이트 지붕에 맞은 것처럼 파편을 튕기고 있을 뿐이었다. 차 안에 있던 매코머 부인은 65구경 만리허 총으로 물소를 겨누어 쏘았다. 남편의 몸이 방금 물소의 뿔에 찔릴 것만 같았기 때문이었다. 그리고 그 총알은 남편의 두개골 한끝 두 인치쯤 위쪽 밑 끝에 명중하였다.

이제 프랜시스 매코머는 엎드린 채 땅에 쓰러져 있었다.

"이제부터 해야 할 일이 태산 같습니다. 우선 트럭을 호수까지 보내서 우리 셋을 비행기로 나이로비에 날아가도록 무전을 쳐야 할 테죠. 왜 당신은 독약을 쓰지 않았습니까? 영국선 모두 그런 방법을 쓰는데……."

"그만, 그만, 그만하라니깐."

여자는 울며 울부짖었다.

윌슨은 무표정한 파란 눈으로 그녀를 쳐다보았다.

"나도 이젠 시원섭섭해졌군요. 약간 화가 치밀었습니다. 당신 남편이 좋아지려던 참이었으니까요."

― 본문 중에서

주인공인 프랜시스 매코머는 천성적으로 비겁하였다. 그래서 야성적인 모험을 요구하는 사냥에서 예외적인 반응을 보이게 되었다. 그러나 자신이 당한 수치를 만회하여 만족과 자랑스러움에 가득 차 있을 때 결국 죽음을 맞이하게 된다. 이를 통해서 헤밍웨이가 드러내고자 한 것은 인간의 육체적 쾌락의 절정은 곧 죽음의 결말과 밀접한 관련을 맺고서 우리 앞에 자주 놓이게 된다는 것이다.

헤밍웨이가 '프랜시스 메코머'를 통해 발견한 행복은 찰나적이다. 경제적 어려움이 없는 메코머는 세상 사람들이 겪는 일상의 고통으로부터 해방됨과 동시에 무료함으로 인한 안락사의 지경에 달한 인간이다. 그런 메코머가 사파리에 도착하는 것은 우연이 아니다. 작품에서 보이듯 물소를 정면으로 상대하다가 자신의 부인이 물소를 향해 쏘았던 총알에 죽는 매코머에겐 짧으나마 자신의 공포를 이겨내고 외부의 자극에 반응한 순간이 행복했던 것이다.

어니스트 헤밍웨이는 1899년 7월 21일 일리노 주의 오크파크에서 의

사인 아버지(클라랜스 에드먼드 헤밍웨이)와 어머니(그레이스 홀 헤밍웨이) 사이에서 장남으로 태어났다. 그의 부친은 사냥과 낚시가 유일한 취미였고, 신앙심이 깊은 모친은 음악 마니아였다. 그는 아버지의 성향을 닮아 어린 시절부터 사냥과 낚시를 즐겼다. 고교 시절에는 스포츠에도 재능이 있어 관심을 가졌다. 이 시기에 선천적으로 고독을 즐기며 사는 그는 문학적 재능도 뛰어났다. 그리하여 오크파크 고등학교의 문예지 《트레피츠》와 계간지 《타블라》에 기고하며 적극적으로 고교 활동에 참여하며 자신을 키워나갔다.

고교 졸업 이후 제1차 대전에 참전하려 했지만 뜻대로 되지 않았고, 캔자스시티 《스탐》지의 기자로 취업 되어 이듬해 적십자를 통해 이탈리아 군부에 입대하였다. 유럽 전선에 나가 북이탈리아 전선의 포살타 디 피아베에서 포탄을 맞아 부상을 입었다. 밀라노 육군 병원에 입원하여 여러 차례 대수술을 받은 경험을 바탕으로 《무기여 잘 있거라》 《해는 또 다시 뜬다》 등을 저술하였다.

헤밍웨이는 그리스와 터키의 전쟁을 보도하기 위해 1922년 소아시아로 갔다. 당시에 목격했던 일들을 기억하며 집필한 작품은 《킬리만자로의 눈》이다. 그리고 1923년에 나온 《세 편의 단편과 열 편의 시》라는 처녀 작품집을 통해서 그가 경험했던 전쟁의 참담한 실상을 낱낱이 고백했다. 1926년 그의 나이 27세 되던 해 전후의 환멸감을 잘 형상화해낸 《해는 또다시 뜬다》를 출판하기도 했다. 그리고 3년 뒤에 《무기여 잘 있거라》를 출간하여 화제가 되었다. 1946년 두 번째 부인인 메리 웰

쉬와 결혼한 뒤 6년 만에 《노인과 바다》를 발표하였다. 1954년 노벨문학상을 받은 뒤 집필을 한동안 중단했었으나 1960년에 이르러《라이프》지에 <위험한 여름>을 발표하게 된다. 또한 그의 작품 중 빼놓을 수 없는 명작 《노인과 바다》는 헤밍웨이 문학의 모든 성숙성을 내포하고 있는 작품으로서 소설이라기보다는 서정적인 산문시라고 할만한 작품을 남겼다.

헤밍웨이의 작품들은 형용사가 거의 사용되지 않은 짧은 문장으로 구성되는 공통점을 갖고 있다.

존 언스트 스타인벡 주니어
(John Ernst Steinbeck Jr. 1902~1968)

존 스타인백 붉은 망아지

존 스타인백은 캘리포니아 주의 샐리너스에서 탄생했다. 40년 세월을 이곳에서 지낸 그의 작품 대부분이 향토적인 정서가 많이 깔려있으며, 소재와 등장인물들이 모두 주변 사람이란 것을 술회하기도 했다.

1919년 그의 나이 17세에 샐리너스 고등학교를 졸업한 후 인근에 있는 제당 공장 실험소에서 일 년간 근무하다 다음 해에 스탠퍼드 대학에 입학했다. 하지만 가정형편이 어려워 대학 졸업을 하지 못하고 자퇴하고 만다.

그의 성장기, 독서가인 외조부의 영향을 크게 받은 그는 미국 작가를 비롯한 세계적인 문호들의 작품을 섭렵하여 창작에 관심을 갖고 몇 편의 습작을 발표하기도 했다. 하지만 발표한 작품들이 자신이 원한 만큼 큰 호응을 얻지 못했다. 그러나 그는 좌절하지 않고 1925년 뉴욕으로 진출했지만 역시 그곳에서도 독자들에게 주목받지 못해 실의에 빠진 나머지 결국 낙향하고 만다.

1929년 로버트 M. 맥브라이드 시에서 금배金杯를 출판했으나 별 반응이 없었다. 그 후 8년이 지난 해에 《생쥐와 인간》을 발표하여 작가적인 명성을 얻게 된다. 이 작품은 출판되자마자 베스트셀러가 되었다.

내용은 두 떠돌이 농장 노동자들의 우정을 그린 것이다. 1930년대의 농장 노동자의 공동의 비극이 주제가 되었는데, 그 당시 사회의 문제점을 지적하고 있는 시사성 있는 작품으로서 독자들의 공감대에 이른 것이다.

이에 힘을 받아 1939년에는 그의 대표작이라 할만한 《분노의 포도》를 발표하자 일시에 베스트셀러가 되면서 출판된 그해 43만 부나 팔렸으며, 1940년에는 퓰리쳐상을 수상하게 되었다.

2차 대전 이후 일시적인 무력증에 빠져 있던 스타인백은 다시 1952년에 《에덴의 동쪽》을 발표하였고. 그로부터 10년 후 노벨문학상을 수상하는 영광의 자리를 차지하게 된다.

1938년에 출판된 단편집 《긴 골짜기》에 '붉은 망아지'가 수록되었는데, 주인공 조디 소년이 겪게 되는 농장에서의 경험을 토대로 한 내용을 담고 있다.

조디는 난생처음으로 아버지가 서커스단에서 사다 준 망아지 한 마리를 얻게 된다. 그는 이제까지 여러 마리의 말이나 동물들을 보아 왔지만 자신의 소유로 갖게 되기는 이 말이 처음이다. 그래서 정성스레 말을 돌보고 말을 길들임으로써 말에 대한 지식을 체험을 통해 깨닫게 된다. 한편 그가 말을 보살피는 것을 돕는 빌리는 훌륭한 조련사이며 수의사였기 때문에 조디에게는 믿음직스런 원조자였다. 그래서 조디는 날씨가 좋은 어느 날 빌리의 동조를 얻은 후 망아지를 밖에다 풀어 놓고 학교에 갔다. 그런데 흐렸던 하늘에서 갑자기 빗줄기가 쏟아지기 시작했다. 비를 흠뻑 맞은 망아지는 부들부들 떨고 있었다. 서둘러 외양간으로 옮겨

놓았으나 그날부터 시작된 망아지의 병은 깊어갔다. 결국 고통스럽게 죽어가던 망아지가 한밤중에 조디 몰래 뛰쳐나가 들판에 가서 숨을 거둔다. 그 사이 밤낮을 가리지 않고 말을 돌보던 조디는 이제껏 경험하지 못했던 고통을 겪게 된다.

그러던 어느 날 문득 농장에 찾아든 정체 모를 노인이 있었다. 조디는 망아지에게 주던 애정을 노인에게 쏟았다. 그러나 노인 역시 얼마 후 떠나 버렸다. 슬퍼하는 조디를 안타깝게 생각한 아버지가 암말에게 새끼를 배게 하여 망아지를 주려 하지만 난산되었다. 어미 말을 희생해서까지 망아지를 주려 하는 부정父情이 담겨져 있다. 그리고 가끔 찾아오는 외할아버지를 냉대하는 아버지를 못마땅해하는 조디는 외할아버지를 위로해 보려는 인정스러운 마음이 잘 묘사되어 있다.

이 단편이 시사해 주는 것은 스타인백의 어린 시절이 바탕이 되었고, 농장에서의 일상적 경험과 가족 간에 오가는 따사로운 애정이 섬세하게 그려져 있다는 점이다. 그의 소설의 대부분이 자신이 속해있던 미국 농장 주변의 인물들이며 애정과 그들의 독특한 정서를 묘사한 작품이다. 이러한 내용을 보면 그 당시의 미국 농촌 사회가 겪어야만 했던 경제적인 궁핍과 사회적 혼란을 여실히 엿볼 수 있다. 농부들의 진지하고도 적극적인 삶의 자세를 높이 평가한 작가의 진실이 부각되어 노벨문학상까지 수상하지 않았나 짐작해본다.

미하일 일린
(Mikhail Il'in, 1895~1953)

미하일 일린 **인간의 역사**

미하일 일린은 러시아의 돈강 연안에 있는 작은 도시 볼로네즈시의 가난한 발명가 집안에서 태어났다. 아동문학 작가이면서 과학소설가인 그의 본명은 일리아 야코블레비치(Il'ye Yakovlevich Marshak)다.

그의 부친은 과학자였으며, 친형은 사무엘 마르샤크로 아동극(《숲은 살아 있다》)을 저술하여 러시아 아동문학의 제1인자로 알려졌다.

그래서 이 두 사람으로부터 과학적 지식과 문학적 소질 양 측면을 모두 이어받게 된 일린은 이해하기 어려운 복잡한 기술세계의 전문적 주제와 과학적인 여러 형상을 평이한 표현들로 바꾼 숱한 저작을 펴냄으로써 사회 역사 분야의 명저를 남긴 인물이다.

일린은 고향에서 성장하여 공장 직공으로 일하며 레닌그라드 공업 전문학교에서 물리와 수학을 한 후 본격적으로 과학 교육을 받기 시작했다.

그는 청소년을 위한 과학 서적이 의외로 적다는 것과 전문서적이라 청소년들이 쉽게 접근하기 어렵다는 것을 자신이 공부하는 과정에서 느꼈다. 그래서 청소년들이 과학을 알기 쉽게 이해하고 재미를 느낄 수 있도록 글을 쓰기 시작하여, 1942년경부터는 아동잡지에 게재하게 되었다. 그의 글에는 시정이 넘쳐나 마치 문학 작품을 읽는 듯한 착각이 들 정도로 '과학지식을 소설 읽듯이 소화해 낸' 정평을 받았다. '다이아몬드를 연마해 가는 연마공의 훌륭한 기술과도 같이 사람들의 눈에 아름다움을 연출하는 작가'로 찬사를 받게 되었다. 그래서 제1차 5개년 계획에 관한 《위대한 계획의 이야기》를 1930년에 발간하여 큰 성공을 거두었다. 그로 인해 고리키에 비견되기도 하였다. 이 작품은 정밀한 과학 현상을 평이한 문장으로 해설하였고, 노동의 가치 등을 시적인 표현으로 노래하여 세계 아동문학에 새 경지를 개척하여 L. 아라공으로부터 '천재적인 계몽과학자'라고 일컬어지기도 했다.

그의 재능은 주제를 소홀히 하지 않으면서도 복잡한 과학 이야기를 전개해 나기기 위해서 현학적으로 보이기 쉬운 인용문의 사용을 피하고, 광범한 자료의 수집 및 주제에 대한 완전한 이해와 같은 기본적인 여건을 자기 것으로 소화하여 재구성하는 작업을 해나가는 데 있었다. 그 과정에서 그는 자신이 원하는 소재를 유효 적절히 선택하고 정리 배열하여 그 소제들을 어떻게 이해하여 규정지으며 설명해 나갈 것인가를 연구하여 완수해 나갔다. 과학이라 하여 있는 그대로의 사실을 기술한 것이 아닌 시대적 이상과 현실적 조건을 고려하여 작가의 주관적 판단에 의해 배열, 해석, 규정, 설명 등의 과정을 거쳐 살아 있는 역사로 떠오르게 했다.

이와 같은 일련의 작업은 자신의 독창적인 역사관에 입각하여 생동감이 넘치는 역사를 재창조해낸 것이다. 그의 역사관은 인간의 선을 찬미하고, 악을 미워하며, 불행을 슬퍼하고, 성공을 기뻐하는 인간에 대한 끝없는 애정이었다. 그래서 그가 독자에게 전해준 것은 감정에 호소하여 독자의 창조력을 일깨울 만한 과학적 읽을거리의 예술적 양식을 확립하여 그를 통해 과학을 일반인들과 친숙해지도록, 과학의 아름다움에 눈을 뜨도록 한 것이다.

1927년에 《빛의 역사》를 비롯하여 1953년에 병으로 세상을 떠나기까지, 그는 《자연의 정복》《산과 인간》《등불의 역사》《책의 역사》《원자原字에의 여행》《시계의 역사》《혹성의 개조》 등 많은 자연 과학 이야기를 쉽게 풀어씀으로써 영국 등 유럽 각국과 미국, 일본 등지에까지 명성을 떨쳤다. 이외에도 19세기 러시아 화학자이며 작곡자인 보르딘의 전기 《보르딘전》과 같은 이색적인 명저도 있는데, 그의 저술 중에서도 가장 유명한 것은 《인간의 역사》이다.

《인간의 역사》의 원 제목은 《인간은 어떻게 거인이 되었나》이며, 전편 《선사편》(1940)과 후편인 《고대편》(1946)은 약 10여 년의 세월이 걸린 작품이다. 전편은 일린 자신이 썼으며, 후편은 아내인 엘레나 알렉산드로브나 세갈이 썼는데, 그녀는 본래 그의 조수였다가 1929년에 그와 결혼하였다.

《인간의 역사》는 인류의 문화 발생과 발전의 과정을 일관된 하나의 맥락으로 서술해 나가고 있다. 이 책에는 일린의 독특한 사고방식이 드러나 있다. 우리가 역사적으로 사물을 생각할 때 그대로 적용 가능하므로 매우 유용하다. 더욱이 우리가 무심히 사용하고 있는 여러 가지 도구가 인간의 진보에 있어 얼마나 큰 의미를 지니고 있었는가 하는 것을 알게 된 것만 해도 우리에게 있어서 하나의 큰 발견이 아닐 수 없다.

이 책의 대체적인 내용은 다음과 같다.

'도구와 불과 말' 부분에서는 약 백만 년 전에 인간의 조상이 최초로 나무 위에서 살다가 지상으로 내려온 일과 혈연을 중심으로 한 집단생활에서 비롯하여 지연을 중심으로 공동생활을 하게 된 경위까지 서술하였다. 또한 도끼와 그릇과 같은 도구를 만들고 불을 사용하게 되었고 서로 의사소통을 위해서 기호, 즉 말을 만들기 시작하였다. 또한 대자연의 압력과 맹수들의 습격에 대항하면서 협동의 참 의미를 깨닫게 되었다. 그리고 이러한 도구, 불, 언어, 생활에 대한 지혜는 점차 세대에서 세대로 전해져 가기 시작하였다.

'공동생활' 부분에서는 인류가 처음 무리지어 살게 된 계기부터 서술하고 있는데, 먹을 것을 찾아 헤매던 단계에서 발전하여 별을 쳐다보며 새로운 땅을 찾아다니다가 드디어 농경 기술을 습득하고 가축을 기르며 일정한 지역에 정주하게 되었다. 이 무렵, 가족 혹은 씨족이라 불리는 인간의 집단이 나타나게 되었다.

'씨족에서 가족으로' 부분에서는 바호펜, 마클레난, 모르간, 브리폴드, 뒤르켕 등과도 같이 '하나의 공통된 조상에서 나와 보계의 혈통에 의하여 맺어져 있는 외혼적外婚的인 혈연집단'인 씨족이 먼저 등장하고 다음에 가족이 파생되었다고 일린도 생각하였다. 그런데 현대에 와서는 씨족과 씨족의 순차적인 과정에 대해서 반발하여 공존했다는 설과 가족 후에 씨족이 생겨났다는 이설이 등장하였다.

'가족선행설' 부분에서는 혼인의 역사가 단지 일손의 부족 때문에 일손을 늘리려고 무절제한 난혼亂婚을 함으로써 시작된 것도 아니며, 가족의 역사가 씨족 사회에서의 모계활동의 혈연관계가 선행됨으로써 시작된 것도 아니라, 사회 집단의 역사 가운데 가족이 존재하여 씨족 집단의 구성단위로 위치하게 되었다고 주장하는 내용을 담았다. 이러한 상반된 견해를 살펴보면서 독자는 어느 것이 옳다고 성급한 판단을 내리기보다는 씨족 안에서 인간이 협동하게 된 의미와 그 가치를 생각하게 된다.

'상하 관계의 발생' 부분에서는 원시 사회 단계에서 공동소유이던 토지, 도구, 수확물 등이 차별적인 노동 생산성의 향상에 따라 사유의 부분이 발생하며, 씨족, 가족 사이에 수확물의 약탈전이 벌어짐에 따라 지배, 피지배의 관계가 성립되었고, 그 과정에서 필연적으로 노예의 존재가 생겨났다.

'자연과의 싸움' 부분에서는 인간이 자신을 둘러싼 주위 환경인 자연에 대해서 적대적 혹은 외경적인 태도를 보이다가, 점차 인지가 발달되면서 자연을 생활에 유익한 것으로 끌어들여 자연의 법칙을 유용한 것으로 사용하는 단계에까지 이르게 된다.

'노예제와 고대 문명' 부분에서는 인간 역사의 진행 과정에서 필연적으로 나타날 수밖에 없었던 노예제는 비록 그 성격이 부정적인 것이라 하더라도 고대 그리스, 로마 사회의 발달된 문명을 가능케 하였으며, 그로 인해 인간의 행동 범위와 관계가 확대되었다.

'인간은 계속 진보한다' 부분에서는 가족에서 씨족으로, 씨족에서 촌락으로, 촌락에서 도시로 사화 진화의 단계를 밟아간다. 그리고 이러한 단계는 마침내 '세계는 하나'라는 하나의 통일된 사회를 이룩하게 될 날이 있으리라는 것이 그의 결론이다.

'일린의 해답' 부분에서 M. 일린은 이러한 인간의 역사의 기본적인 몇 가지 조류를 인간에 대한 깊은 애정과 인간성에 대한 신뢰를 바탕으로 하여 쓰고 있다. 그래서 이 책은 '인간이란 무엇인가?'라는 역사학의 기본 과제에 대답하는 동시에 내일의 기대와 희망을 주고 있다.

그가 물음으로 던진 '우리가 어떻게 이 현실을 개조하고 미래 사회를 구축해 나가야 할 것인가'에 대한 해답을 독자 스스로 이 책 안에서 찾을 수 있을 것이다.

헨리 스탠리
(Henry Morton Stanley, 1841~1904)

헨리 스탠리 **암흑대륙**

헨리 스탠리는 탐험가이다. 영국 웨일스의 덴비라 마을 가난한 집안에서 태어난 그는 17세 때 미국으로 이주했다. 운 좋게도 뉴올리언스에서 상업을 하는 스탠리의 양자가 되면서 풍요로운 삶을 살게 되었고 20세가 되자 남북전쟁에 참가하여 남군으로 나갔다가 중도에 북군으로 전향했다.

전쟁이 끝난 후《뉴욕 헤럴드》지 기자로 티베트, 카프카스, 에티오피아 등지에서 활약했으며, 1871년 아프리카 탐험에 특파되어 우지지에서 리빙스턴과 만나게 된다. 1874년에 다시 아프리카 여행을 하였고, 1878년 벨기에의 왕 레오폴드 2세의 요청으로 국제 콩고 협회 대표가 되어 콩고를 답사한 결과, 콩고가 독립국으로 조이받게 된다. 1887년에는 나일강 상류에서 에민 파샤를 구출하고 〈달의 신〉을 발견하였으며, 탐험에 관한 많은 저서를 발간해 내었다.

스탠리가 저술한 《암흑대륙》은 스탠리가 1874년에 2차로 아프리카 탐험을 했던 수기다. 1878년에 발간된 이 작품은 그의 많은 저서 가운데 가장 많이 읽힌 훌륭한 기행문학 작품이다.

탐험하면서 탐험대의 물품이나 약품, 침구, 의류, 텐트, 화약, 사진기, 보트 등의 많은 장비를 긴 탐험 동안 운반하기 위해서는 많은 인원이 필요했다. 험난한 밀림과 강을 통과하고 호전적 원주민들을 상대로 탐험에 성공하기 위해서는 탐험 중의 많은 사상자를 계산에 넣어야 했다.

스탠리는 탐험을 시작하기 직전 탐험의 준비물로 옷감과 유리구슬을 마련했다. 이것은 스탠리가 탐험하게 될 아프리카 각 지역의 원주민에게 제공하기 위해 준비된 것이다. 아직 문명이 발달하지 못해 미개한 상태로 남아 있는 원주민들에게 옷감과 구슬은 신기하고 귀한 것이었기 때문에 그들의 환심을 살 수 있었다. 실제로 백인 탐험대를 경계하는 원주민에게 옷감과 구슬 등을 제공함으로써 많은 위험을 피할 수 있었다. 닭 한 마리를 얻기 위해서 상등품의 옷감을 4야드나 주기도 했고 때로는 재원이 모자라 빵, 낙화생, 마, 바나나 등으로 대충 허기를 채워가며 절약하여 옷감과 구슬로 식량을 쉽게 구할 수 있었다.

스탠리는 아프리카 탐험 도중 기회가 있을 때마다 기독교를 전파하기 위해 애를 썼다. 문명이 발달하지 못해 여전히 미신을 숭배하고 있던 아프리카 원주민을 기독교를 통해 개화시키려고 한 것이 다 실제로 아프리카 최고의 권력자인 무테사 황제를 상대로 기독교를 설파하였다. 무테사 황제는 백인이면 누구나 박학다식하고 훌륭한 사람이라고 믿고 있었다. 이러한 무테사 황제의 선입관은 스탠리에게 백과사전이길 강요하였다. 무테사 황제가 이러한 백인들에 대한 선입관을 갖게 된 것은 아랍인들과의 교역 과정에서 비롯되었다. 아랍인들이 옷감, 구슬, 철사 같은 것을 가지고 상아나 노예를 사러 올 때 아랍인들이 갖고 온 물건들은 모두 백인들이 만든 것이라는 걸 알려주었고, 이로 인해 무테사 황제는 백인들은 모두 박학한 지식을 갖고 있다고 믿고 있었기 때문에 기독교 전파가 쉽게 접근될 수 있었다.

  1873년 장염으로 사망한 D. 리빙스턴의 유지를 받들어 스탠리가 아직도 알려지지 않은 아프리카 대륙의 비밀을 밝혀내기 위하여 앵글로 아메리카 탐험대의 대장으로서 자지바르에 발을 내디딘 것은 1874년 9월의 일이었다. 2개월 후에는 드디어 아프리카 대륙 깊숙이 들어가 빅토리아호와 탕가니카호를 답사했으며 콩고강 하류로 계속 강을 타고 내려갔고, 1877년 8월 9일 999일 만에 대륙을 횡단하여 보마에 도착했다. 그리고 다시 콩고강을 70마일 더 내려가 대서양 연안에 도착했는데, 이 여정은 무려 7,150마일이나 되었다. 이 여행에 대한 기록은 일찍이 리빙스턴이 탐구하려 했던 대하大河의 비밀을 캐내고, 탕가니카호의 유출구를 확인한 다음 나일강의 수원을 밝혀내는 일이라고 여행목적을 밝히는 것으로 시작하고 있다. 그리고 그는 불필요할 정도로 면밀한 준비와 진행계획을 세웠지만, 처음부터 뜻하지 않은 사고가 자주 발생하였다. 탐험대에 참가했던 인원의 대부분은 현지에서 고용한 토인들이었는데. 그들이 미신을 믿는 무지한 사람들이라는 점도 스탠리가 탐험을 강행하는 데에 큰 난관이었다. 걸핏하면 대열에서 이탈하여 부락으로 도망가고 조그만 난관에도 불평을 늘어놓기 일쑤여서 스탠리는 그들을 꾸짖기도 하고 달래기도 하면서 여정을 계속하였다.

  그리고 미개한 원주민들은 스탠리의 비망록을 어떤 주문이 가득차 있는 것으로 오해하였다. 원주민들은 이 비망록이 주술을 부려서 자신들에게 화가 생겨나고 있다고 믿고 있었다. 이 원주민들은 자신들이 백인 탐험대를 친절하게 대해 주었는데도 주술을 부려 자신들에게 화를 입히고 있다며 분개하여 비망록을 태워 버리자고 주장하였다. 이에 스탠리는 미신에 사로잡혀 있는 원주민들을 경멸하면서도 이 상황을 해결하기 위해 비망록과 비슷하게 생긴 셰익스피어 희곡집을 불태움으로 사건을 일단락 짓기도 했다. 더군다나 가는 길마다 사납고 무지한 야만족이 세력을 이루고 거주하고 있어서 탐험대를 보기만 해도 무턱대고 싸움을 걸어왔다. 그래서 전투적인 그들에게 문명을 전달할 수가 없었으며, 그들과의 통상로를 개척할 수도 없었다. 더구나 열대지역의 열병은 대원들의 사기를 자주 꺾었으며, 미개지의 자연은 예측할 수 없는 재앙을 일으키곤 했다.

탐험대는 자신들이 발견한 강에 자신들의 이름을 넣어 명명하였다. 예를 들어 저자가 발견한 강을 '스탠리 풀'이라고 부르는 식이다. 반면에 원주민들은 자신들의 생활에 관련되거나 자연에 대해 갖는 두려움의 표현으로서 강을 명명하였는데, '큰 가마솥' '해의 강' '대해大海의 주' 등이 있다.

인간의 발길이 닿지 않던 밀림과 험준한 산악과 심연 등은 죽음보다도 더한 고난을 일행에게 강요하여, 그들이 뚫고 간 길에서는 귀중한 인명이 잇달아 대륙의 흙이 되어 사라져 갔다.

이러한 탐험대의 고난과 비극을 딛고 일어서는 과정을 스탠리는 《암흑대륙》이라는 기행 형식의 글을 통하여 우리에게 생생한 현실의 장엄한 모습을 보여준다.

서머싯 몸
(William Somerset Maugham, 1874-1965)

서머싯 몸 **인간의 굴레**

　서머싯 몸은 영국의 소설가이자 극작가이다.
　말더듬이로 신체적인 결함을 갖고 태어난 그는 이 밖에도 부모의 이른 사망 때문에 고아로서 백부의 손에서 성장하게 되어, 열등감과 동료들로부터 따돌림을 받으며 성장했다.

　서머싯 몸이 하이델베르크로 유학을 떠나는 것, 종교적인 믿음을 버리는 것 등은 작가 자신의 생애에서 겪었던 많은 사건과 심리상태를 작품 속의 필립 케어리라는 인물을 통해 반추하고 있다.
　작품의 전체적인 내용을 보면, 서머싯 몸의 일대기와 함께 자전적 소설이라는 점에 허구가 가미되어 있다. 즉 자신의 인생에서 끝없이 탐구했던 인간의 굴레에서 드러내려고 했던 주제는 인생의 여러 가지 굴레, 예를 들면 육체적 속박, 종교적 속박, 예술적 속박, 욕망의 속박 등에 얽매여 있는 상황 가운데 인간은 진실을 찾아내기 위해 끊임없이 방황하며, 그 과정에서 자신도 모르는 사이에 성장하여 마침내 인생의 참 의미를 발견한다는 뜻이다. 이러한 그의 주제 의식은 한 인간의 성장 과정을 통해서 단계적으로 발전하고, 극단적 비약 없이 순조롭게 진행된다. 더욱이 서머싯 몸만이 지닌 인간 내면에 대한 해부의 기술과 작품 구성의 밀도, 문체의 유려함 등은 작품의 질적 우수함을 충분히 고양해 준다.

  소설 속의 주인공 필립을 성직에 종사시키기 위해 갖은 애를 쓰는 백부와 교장의 권유를 뿌리치고 하이델베르크로 유학을 떠나는 필립 케어리는 지금까지 자기의 마음을 속박했던 종교적 윤리적 의식에서 해방되고 인생을 즐기기 위해 하이델베르크로의 유학을 선택했지만, 이는 필립 케어리에게 닥쳐올 생에 있어서 시련의 출발점이기도 하다.

  필립 케어리가 종교에 대한 강한 믿음을 가지게 된 것은, 마가복음에 나오는 다음과 같은 구절이다. '내가 진실로 너희에게 이르노니 누구든지 이 산더러 들리어 바다에 던지우리라 하면 …중략… 마음에 의심치 아니하면 그대로 되리라. 그러므로 내가 너희에게 말하노니, 무엇이든지 기도하고 구하는 것은 받은 줄로 믿으라. 그리하면 너희에게 그대로 되리라.'

  필립 케어리는 이 성경 구절을 진심으로 믿으며 자신의 신체적 불구가 완치되길 간절히 기도했다. 그러나 절실한 기도와 믿음에도 불구하고 그의 소망은 이루어지지 않았다. 이는 어린 그에게 마음의 상처를 입혔을 뿐만 아니라 종교에 대한 불신이 싹트는 계기가 되었다.

  세상에 대해 냉소적인 시각을 가진 화가 '패니 프라이스'는 필립을 많이 의지하고 살았지만, 자신이 예술적 재능이 없음을 자학하며 결국에는 자살로 생을 마감하고 만다.

  반면에 필립 케어리가 '헤이워드'를 존경한 것은, 인생에 대해 낙관적이며 삶에 대한 애착과 모든 방면에 박식하고 뛰어난 인물이었기 때문이다. 그러나 그는 남아프리카 탐험 중 장티푸스에 걸려 사망한다.

인생에 대한 대조적인 시각과 삶을 가졌던 두 인물, 즉 '페니 프라이스'와 '헤이워드'는 결국 죽음이라는 같은 길을 가게 되어 그의 곁을 떠남으로써 필립 케어리의 인생관에 큰 영향을 주었다. 어떠한 삶을 살아가든 결국은 죽음이라는 길로 갈 수밖에 없으며 인생에 대한 집착은 무의미함을 깨닫고, 필립 케어리는 평범한 삶을 살아가게 된다.

불구의 몸으로 혼자 살아가야 하는 현실의 경제적인 궁핍함과 사랑하는 여인의 거듭되는 배신 등이 필립 케어리에게 있어서 속박이며 굴레로 다가온 것이다.

필립 케어리가 처음으로 열정적인 사랑을 한 여인이 밀드레드이다. 그러나 그녀는 현실적이고 이기적인 인물로써 궁핍함뿐인 필립 케어리의 사랑을 받아들이지 못한다. 그녀가 그를 배신했어도 그는 다시 그녀를 받아들이지만 이후 계속되는 밀드레드의 배신과 그로 인한 경제적 부담의 연속은 인생의 의미를 다시금 깨닫게 하고도 남았다. 사랑의 아픔에서 또 다시 사랑을 시작하게 된 인물이 샐리이다. 샐리와의 사랑은 열정에 휩싸이기보다는 조용하게 진행되면서, 구혼을 받아들인 샐리와 함께 그녀의 어머니 에델니에게 이 사실을 알리러 가면서 소설은 막을 내린다.

세상에 속해있는 동안 인간에게는 수많은 속박과 굴레가 존재하지만, 진실을 찾아 헤매는 가운데서 속박과 굴레는 벗겨지고 비로소 인생의 참된 의미를 알 수 있다는 것을 말해준다. 인생은 행복이라는 척도로서가 아니라 죽음과 더불어 완성되고 소멸되는 하나의 예술품으로서의 의미가 있는 것이다. 작가는 말한다. 이는 수많은 생을 체험한 끝에 내릴 수 있는 결론이라고.

　서구 자본주의가 독점적 자본주의 단체를 거쳐 제국주의로 넘어가는 시대이며, 세계시장을 확보하기 위한 열감들의 다툼이 제1차 세계대전으로 본격화되는 시기였다. 《인간의 굴레》에서는 이러한 시대적 배경들을 필립 케어리의 생활 단면을 통해 표면화시키며, 묘사되는 당시의 경제적인 궁핍들이 격동기의 현실을 대변해 주고 있다.

　서머싯 몸의 일생을 뒤돌아보고자 한다.
　그는 17세가 되던 해 숙부의 허락을 받아 독일의 하이델베르크로 갔고, 자유롭게 문학과 예술 분야까지 심취할 수 있었다. 이듬해엔 영국으로 돌아와 런던의 성 토머스병원 부속 의학교에 입학하여 의학 자체에 대한 흥미보다는 의료 실습생으로 빈민굴 주민들의 치료를 맡아보면서, 그들의 생활상과 인간적 모습에 더욱 깊이 감명받았다. 그래서 겨우 의사 자격을 얻기는 했으나, 1897년 23세가 되던 해에 처녀작인 《램버스의 라이자》를 발표해 일약 신진 작가로 인정을 받자, 의사 개업은 그만두고 줄곧 집필 생활에만 몰두하였다. 첫 작품인 《램버스의 라이자》는 그가 체험했던 빈민굴 생활을 소재로 하여 쓴 것으로서 서기에는 인간의 꾸밈없는 참모습과 사회적 가면이나 인습을 탈피한 진정한 인생이 표현되고 있다. 이 작품의 발표 이후에 곧 스페인으로 여행 다니며 파리에 정착해서 자유분방한 형태의 삶을 살아가기 시작한다. 그가 거주하던 몽마르트르 지역에는 세계에서 모여든 화가, 음악가 소설가 시인들이 많이 있어서 서로 어울려 예술과 인생을 논하고 문학에 힘을 쏟기도 했다. 이러한 분위기에 젖어 그 또한 수많은 희곡 작품을 썼으나 그다지 성공적인 작품은 발표하지 못했다. 그러한 가운데 1907년 33세 때 《프레더릭 부인》이 극장에서 대성공을 거두었으며 이후 발표된 세 편의 희곡 작품들은 계속 호평 받았다. 그리고 1912년 38세 무렵에는 작품 《인간의 굴레》를 집필하기 시작하였으며, 이 책은 제1차 세계대전이 발발하기 직전인 2년 뒤에야 완성되었다.

1차 세계대전이 발발하자 야전 군의관으로 입대한 그는 이어 영국의 첩보원이 되어 스위스 제네바를 근거지로 한 첩보 활동에 종사했다. 표면상으로 작가 행세를 하였지만, 모험과 스릴이 넘치는 첩보 활동의 경험은 스파이 소설 《아션던》을 집필하는 데에 중요한 계기가 되었다.

1915년 《인간의 굴레》가 발간되었으며, 전쟁의 와중에서도 의사의 딸 겐드룬 실리 버나드와 결혼하였다. 《인간의 굴레》는 그의 반 생애의 자전적 소설로, 인간의 고뇌에 대한 갈등과 인생의 의미를 탐구하는 과정을 그린, 자신의 경험을 토대로 서술해 간 소설이다.

러시아 혁명 시기에도 첩보원으로 파견되어 활동하던 몸은 과격한 활동으로 건강이 악화되어 부득이 귀국하게 되었으며, 귀국 후에는 요양원의 신세를 지게 되었다. 미국에 정양하러 갔다가 천재적인 화가 고갱의 전기에서 암시를 받아 첩보 활동 중에 타히티섬을 비롯한 남태평양의 섬들을 여행하였던 경험을 바탕으로 삼은 《달과 6펜스》를 1919년에 발표한다. 이 작품은 발표되자마자 베스트셀러가 되었고, 세계 각국어로 번역

되어 유포되기도 하였다. 이후 계속 작품을 발표하는 의욕을 보이는데, 1929년 55세에 이르러서는 아내와 불화하여 이혼하기에 이른다. 개인적인 불행에도 불구하고 그의 작가적 의식은 뚜렷하였으므로 희곡 《세피》와 장편소설 《극장》등 자전적 회상록을 완성해 내었다.

또한 1939년 그의 나이 65세가 되었을 때 2차 세계대전이 발발하였는데, 영국 정보성의 요청으로 프랑스에 관한 수집을 감행하기도 하였다.

이후 1954년 80세가 되던 해 《과자와 맥주》를 발표할 만큼 의욕적이던 몸은, 1965년 12월 6일 니스의 앵글로 아메리칸 병원에서 91세를 일기로 세상과 결별하였다.

몸 자신이 《달과 6펜스》를 일생 최고의 걸작이라고 생각했던 것과는 달리, 세상에서는 《인간의 굴레》가 그의 대표작으로 널리 알려져 있다. 《인간의 굴레》는 그의 나이 41세 때 완성된 것으로 당시에는 널리 평판을 얻지 못하다가 《달과 6펜스》 이후에 재평가되었다는 점이 특이하다.

그는 원작 서문에서 이렇게 밝혔다. "작품을 처음 기고한 것은 의과대학을 갓 나온 후 스페인을 여행할 무렵이었다. 당시에 이 작품을 완성하기에는 너무도 벅찬 일이어서 40세가 다 될 무렵에야 비로소 다시 그 수제에 골두하여 집필을 계속할 수 있었다."

펄 S. 벅
(Pearl Sydenstricker Buck, 1892~1973)

펄 S, 벅 대지

《대지》는 중국 난징에서 집필되어 1931년에 출판되었다. 이 작품은 온 세계를 열광시켜 1938년에 노벨상을 받은 작품이다.

펄 S, 벅은 미국인이며 여성으로서 중국인들의 삶 속에 뛰어들어 그들과 함께 지내면서 절실한 중국 농민의 운명을 인도주의적인 입장에서 서사시적으로 작품화한 소설로 묘사했다.

이 작품의 줄거리는 이러하다.

왕룽의 아버지는 '농부의 며느리는 못생겨야 한다'는 고정관념을 가지고 있었으며, 그리하여 대지주인 황 대가의 계집종인 아란을 왕룽의 아내로 택한다. 아란은 비록 얼굴은 못 생겼지만 성품이 온화하고 순진하여 왕룽의 말이라면 무조건 순종했다.

그러므로 왕룽은 아내인 아란을 진심으로 사랑하여 참된 삶의 보람을 느끼며 토지 경작에만 마음을 쏟았다. 때가 되어 아이들이 태어났고, 농사는 풍년이 지속되어 풍요로운 생활 가운데 왕룽은 토지를 사들여 경지를 넓혀갔다. 그러던 어느 해부터 큰 기근이 닥쳐와 농민들은 도탄에 빠지고 굶어 죽는 자의 수가 날로 늘어났다. 급기야 양식이 떨어져 흙을 먹기에까지 이른다. 이러한 중에 농민이 살아날 유일한 방도는 남쪽 지방으로 가서 거지로부터 시작하여 다시 회생하는 일이었다.

왕룽 일가도 그 길을 택해 남쪽으로 흘러가 거지 생활을 하는 동안 행운의 기회가 찾아온다. 그것은 왕룽과 같은 최하층민이 단결하여 부호의 집에 들어가는 일로써, 왕룽은 거금을 얻고 아란은 값진 보석을 훔친다. 그들 일가는 재화를 가지고 북쪽 고향으로 돌아가 옛 주인인 황가로부터 넓은 토지를 사들인다. 7년 동안 풍작이 계속되어 왕룽 일가는 황가를 대신하여 일약 거부로 올라선다.

이 무렵부터 왕룽은 아내인 아란에게 무언가 부족함을 느끼고 랜화라는 다관 여자를 집으로 데려와 첩으로 삼는다. 맏아들 왕이는 학자, 둘째 아들 왕얼은 상인, 셋째 아들 왕싼은 농부로 뒤를 잇게 하기 위해 교육을 시켰다. 이렇게 번창할 수 있는 배후에는 조강지처인 아란의 내조가 컸음은 물론이다. 첩의 그늘 밑에서 아란은 희생이 되지만 그녀는 묵묵히 일만 하여 과로 끝에 중병에 걸린다. 왕룽은 새삼스레 아란에게 연민의 정을 느꼈으나 이미 때는 늦어 아란은 죽고 만다.

슬픈 마음은 말할 수 없었으나 다른 사람들처럼 소리 내어 울지는 않았다. 그는 아버지와 아내를 흙 속에 묻고 동그란 봉분이 쌓아 올려지자 가마를 먼저 돌려보내고 혼자 묵묵히 걸어서 집으로 돌아갔다. 슬픔이 가득찬 그의 머릿속에 이상하게도 뚜렷한 하나의 생각이 떠올라 그를 괴롭혔다.

그것은 아란이 못가에서 빨래하고 있을 때 그녀가 평생토록 가지고 있겠다던 진주를 빼앗아 렌화에게 준 일이었다.

왕룽은 자신의 반쪽 몸을 아란에게 묻으며 눈물을 흘렸다.

그 후 첫 손자가 태어나고 왕룽은 가련한 소녀 리화를 다시 첩으로 맞아들여 과거를 회상하면서 인생의 황혼을 절감한다.

소설의 주인공은 한 사람의 농부로서 그의 조상들이 몇 세기에 걸쳐 살아온 방식 그대로 살고 있는 소박한 영혼을 가진 사람이다. 그것은 토지와 떼어놓을 수 없는 것이며 그 토지는 인간의 노동의 대가로 수확물을 제공해 주는 원천이다. 대지와 농부는 같은 근원에서 출발하여 양자는 죽음과 함께 다시 하나로 귀일되어 평화를 맞이한다. 그가 하는 일은 어떤 일이 있어도 해내야 하며 그것을 해냄으로써 비로소 그의 마음은 편안해진다. 정직하지 못하면 아무 일도 되지 않기 때문에 그는 정직한 사람이 되었다. 이것이 그의 도덕적 개념의 전부이며 이것은 또한 그의 조상 숭배의 정신으로도 통하고 있다.

이야기는 왕룽의 결혼과 집안 아들들에 대한 그의 꿈으로 시작된다. 아내가 된 아란에 대해서는 아무런 소망도 없었다. 왜냐하면 그녀를 싼값으로 사 왔을 뿐이었기 때문이다. 그녀는 추녀였기 때문에 그녀가 종으로 있던 황 대인 집 도련님들도 건드리지 않았다. 따라서 숫처녀라는 것만이 왕룽에게 커다란 가치관을 갖게 했다.

이 소설 속에 나타나는 많은 문제 중에서 가상 심각하고 어두운 것은 중국 여성의 지위이다. 서두에서 작자의 비애감이 가장 강하게 표출되는 것이 바로 이 점이며 서사시적 작품의 냉정성 속에서도 그 점은 끊임없이 느낄 수 있다. 작품 첫머리에 나오는 에피소드는 옛날부터 정해져 있는 중국 여성의 운명이 가장 절실하게 표현되고 있다. 이 부분은 이 소설이 담담한 서술 중에서 유일하게 유머가 넘치는 대목이다.

처음으로 태어난 아들에게 예쁜 옷을 입혀 팔에 안고 아들의 미래를 화려하게 상상해 보는 행복의 순간 왕룽은 갑자기 어떤 공포감에 사로잡힌다.

그는 눈에 보이지 않는 악령을 의식하고 그에게 쏠리는 악령의 눈으로부터 자신을 보호라도 하듯 몸을 사린다. 그가 아이를 옷 속으로 감출 때 아란은 옆에서 체념한다. 현실적으로 악령 따위가 있을 수 없다. 그렇다고 운명이 없는 것은 아니다. 운명은 어느 때나 가혹한 것이다.

매우 강렬한 인상을 주는 것은 펄 S. 벅이 취급하는 여성이다. 아란은 거의 침묵하는데 그것이 도리어 한층 더 강렬한 인상을 준다. 그녀의 일생은 소설 전체를 통하여 간략하게 묘사되어 있지만 그녀의 인상이 가장 강렬한 것은 작자의 관심 때문이다.

펄 S. 벅의 소설에 등장하는 여성 중에서도 아란의 경우가 어머니로서의 여성상이 가장 정교하게 묘사되어 있으며, 또 그런 여성상을 그린 작품이 그의 최고 걸작으로 꼽히고 있다.

왕룽의 아들들은 인간적인 매력을 갖춘 자는 없다. 장남은 헛되이 도락에 빠져 헤어나지 못하고, 차남은 장사와 고리대금으로 부를 이룩하는 데만 집착한다. 막내는 소유지를 황폐화시키는 결말로 몰고 오는 군벌이 된다. 군벌이 군웅 할거하는 속에서 중국은 새로운 시대를 탄생시키기 위한 고통과 혼란 속으로 휩쓸려 들어간다.

작품은 3대째에 와서 대지의 조화로 대단원을 맺는다. 외국에서 교육

받은 왕룽의 손자 왕위안은 고향의 토지로 돌아와 농민들의 경작법과 생활 조건의 개선에 힘쓴다. 집안의 다른 사람들은 펄 S. 벅이 다른 작품 속에서도 언급하고 있듯이 신구 두 세대 사이의 싸움 속에서 아무런 기초도 가지지 않고 산다. 그것은 또 그것대로 어떤 비극성을 잉태하고 있다. 숙명의 윤회라고나 할까.

 이 작품을 읽어 나감에 따라 인간을 포함한 위대한 자연의 생명력을 통감하지 않을 수 없다. 인간은 자연을 학대하는 것 같으나 인간도 자연적 체계 중의 한 요소로서 힘있게 태어나 또 죽어간다는 것을······.

안톤 파블로비치 체호프,
Anton Palovich Chekhov, 1860~1904)

안톤 파블로비치 체호프 귀여운 여인

안톤 파블로비치 체호프는 1860년 남러시아의 아조프 해안의 항구 도시 타간로크에서 출생하였다.

본래 그의 부친은 농노 출신이었지만 작은 식료품상을 경영했으나 그의 성장 시절 파산하여 모스크바로 도주하였다. 그래서 체호프는 중학교 과정을 고학으로 마치고 19세 되던 해에는 모스크바 대학의학부에 입학하여 혼자서 의식주를 해결해 나가야만 했다.

문학에 관심이 많았던 그는 어려운 환경 속에서도 습작에 몰두하였고, 대학 재학 시에는 '안토샤 체혼테' 이라는 필명으로 〈관리의 죽음〉, 〈뚱뚱이와 홀쭉이〉, 〈카멜레온〉 등의 단편을 잡지에 기고하였다. 졸업 후에는 보스크랜스크에 의사로 부임하여 환자들과 접촉할 기회를 갖게 되어 그는 작가적인 깊이를 쌓아 나갔다.

28세 되던 해인 1888년부터는 사회적인 문제를 다룬 〈곰〉, 〈초원〉, 〈졸리다〉 등의 작품들을 써서 발표하기도 했다. 그리고 시베리아 여행을 통하여 유형지의 모습을 관찰하여 〈시베리아 여행〉을 발표했다. 이후에 〈6호실〉의 작품에서는 정신병원의 모습을 사실적으로 묘사하여 가장 어두운 측면을 그려내기도 하였다.

단편 〈귀여운 여인〉은 1898년 38세가 되던 해에 나온 작품으로서 평범한 한 여인의 삶을 묘사한 작품이다. 이해를 돕기 위해 잠시 소설의 내용을 언급해본다.

〔검은 비구름이 이따금 생각난 듯이 습기 찬 미풍을 일으키며 동쪽으로부터 몰려왔다. 뜰 안에는 이 집 건넌방을 빌려 쓰고 있는 치블리 야외극장 지배인 쿠킨이 하늘을 쳐다보고 서 있었다.

"또 비야! 일부러 그러는 것처럼 허구한 날 비만 오니 이건 내 모가지를 졸라매자는 건가! 날마다 손해가 이만저만 커야지! 이러다간 파산이로군, 파산이야!"

그는 올렌카에게 두 손을 쳐들어 보이며 불평을 계속했다.

"우리들의 생활이란 늘 요모양 요꼴입니다. 올리가 세묘노브나, 울어도 시원찮을 지경이죠! 별고생을 다하고, 죽도록 기를 쓰며 일해 봐야, 그게 무슨 소용이겠습니까? 첫째로 관중이 야만인이나 다름없이 무지막지하단 말이예요. 나는 그들에게 일류가수들을 동원하여 가장 고상한 오페레타나 무언극을 공연해 주지만, 과연 관중은 그런 것을 필요로 하겠습니까? 설사 그걸 구경한다 해도 도대체 그들이 무엇을 이해할 수 있겠습니까? 관중은 광대를 요구합니다. 아주 저속한 것을 상연해야 한단 말입니다. 그리고 거의 매일 저녁이면 비가 오지 않습니까? 5월 10일부터 6월 내내 장마니, 이런 기막힌 일이 어디 있겠습니까! 구경꾼은 얼씬도 않는데, 그래도 세를 물어야 하고 배우들에겐 보수를 줘야 합니다!"

이튿날도 저녁녘이 되자 검은 구름이 몰려왔다. 쿠킨은 미친 듯이 웃으며 말했다.

"어쩌겠다는 거야? 퍼부을 테면 얼마든지 퍼부어라! 극장이 몽땅 물에 잠기고, 내가 물속에서 헤어나지 못하도록 실컷 퍼부으란 말이야! 이 세상에서뿐만 아니 저승에서까지 나를 못살게 만들겠다는 거로군! 배우들이 나를 걸어 고소해도 좋다! 재판이 무엇이냐? 시베리아로 유형을 보내도 좋고 교수대에 올려놓아도 겁날 것 없다! 핫핫핫!"

그다음날도 마찬가지였다. 올렌카는 쿠킨의 넋두리를 아무 말 없이 가슴 아프게 생각하며 들었고, 그러는 그녀의 눈에 눈물이 글썽해지는 때가 있을 정도였다. 쿠킨의 불행은 드디어 올렌카의 마음을 흔들어 놓고 말았다. 그를 사랑하기 시작한 것이다.]

소설의 줄거리를 대충 훑어보자면 마음이 따뜻하고 부드러운 그녀는 하숙집에 세들어 사는 야외극장의 지배인인 쿠킨과 결혼하여 행복한 생활을 하게 된다. 그러나 불행히도 첫 남편인 쿠킨의 죽음으로 사별하게 된다. 평소 그녀의 미모에 관심을 갖고 있었던 또 다른 남자 푸스토발로프라는 목재상과 곧 재혼했다. 하지만 두 번째 남편마저 죽게 되어 그녀의 곁을 떠나갔다. 그녀는 사랑하는 사람 없이 혼자서는 살 수 없었던지 그녀의 집 건넌방에 세 들어 사는 군 수의관인 스미르닌에게 마음이 끌려 또다시 사랑에 빠진다. 그런데 그도 별거 중이던 부인과 다시 화목하게 되어 재결합하여 떠나자, 올렌카는 외롭고 쓸쓸한 불쌍한 과부로 늙어간다. 그리고 몇 해가 지나자 수의사가 외아들을 데리고 돌아왔다. 올렌카는 반가이 맞아들이며, 그의 아들인 사샤에게 깊은 애정을 갖는다. 마치 자신이 낳은 자식처럼 돌보아주며 모성애를 쏟는 것으로 소설의 막은 내린다.

이 소설에서 올렌카는 자신의 독자적인 사고가 없이 그녀가 만나는 사람에 의해 전적으로 좌우되는 모습을 볼 수 있다. 곧 그들의 생각과 의지에 따라 생각하고 행동하며, 희로애락을 같이 하는 것이다. 이러한 그녀의 삶은 참다운 인생을 살고 있다고는 말할 수 없으나 보다 나은 생활을 기대하는 그녀의 희망은 일종의 숙명적인 인생관을 표현하는 작가의 의도를 느낄 수 있었다.

고전소설 토끼전

《토끼전》은 작자·연대 미상의 고대 소설로서 일명 판소리계로 지창된다. 동물을 의인화한 우화소설인 이 작품은 토끼와 별 주부, 용왕 사이의 육지와 바다속을 배경으로 전개되는 지혜 겨루기의 내용을 담고 있다. 병이 든 용왕은 온갖 약을 다 써 보지만 효험이 없자 도사 셋을 불러들여 토기의 간이 영험하다는 처방을 듣는다.

이에 용왕은 자신의 신하 가운데 가장 지모와 재략이 뛰어나다는 별주부를 육지로 보낸다.

별주부는 토끼를 만나 용궁에 가면 높은 벼슬을 준다는 등의 감언이설로 유혹하여 용궁으로 유인해 온다. 그러나 토끼는 용왕 앞에서 별주부에게 속았음을 깨닫고 간을 육지에 두고 왔다는 묘한 계책을 내어 용왕을 속이고 지상으로 돌아와 위기를 모면하는 내용을 담고 있다.

겉으로 보기에는 단순한 용왕에 대한 별주부의 충성이라는 주제를 담고 있으나 이면적으로는 판소리계 소설이 대부분 그러하듯이 권력의 횡포를 비판하고 풍자하는 의미가 다분히 들어 있다. 즉 용왕이 자기의 병을 고치겠다고 무고한 토끼를 속여 희생시키려는 무모한 권력자의 모습이라면, 별주부는 한낱 충성만을 지고의 덕으로 여기면서 온갖 수

모를 감수하는 우직한 신하이며, 토끼는 헛된 유혹에 빠져 희생될 뻔하다가 지혜로 위기를 모면하는 일반 백성으로 파악될 수 있다.

이러한 측면에서 단순히 동물을 대상으로 한 우화소설이라는 한계를 벗어난 사회 풍자 소설로서, 기존 소설이 지녔던 초경험적이고 관념적인 의식을 탈피하여 판소리가 지니는 현실적 경험을 생동하게 드러내는 방향으로 일보 전진한 작품이라 할 수 있다.

또한 《토끼전》의 근원 설화는 인도 설화에 뿌리를 둔 불전 설화로 알려져 있는데, 이러한 설화가 우리나라에 널리 전파되어 판소리와 소설로 정착된 것이다. 그리고 지금까지 이 작품은 소설·판소리·전래동화 등으로 전해질 뿐만 아니라 신소설로서 《토끼의 간》으로 개작되기도 했으며, 마당극이나 창무극으로 변형되어 공연되고 있다.

원래는 교훈적·종교적인 의미였으나 소설과 판소리로 개작되면서 사회 풍자적 성격이 강해졌다. 이본에 따라서 표현의 차이가 있지만, 조선 왕조의 지배체제가 위기에 이르렀다는 것을 병든 용왕을 통해 나타냈다고 보기도 한다. 용왕은 자기 병을 고치려는 욕심에 무고한 백성을 속여 희생시키는 것을 예사롭게 여기는 통치자이며, 별주부는 충성만을 보람으로 여기며 온갖 수모를 감수하는 우직한 신하이고, 토끼는 헛되이 벼슬에 욕심을 품었다가 지혜로 위기를 모면하는 백성으로 볼 수 있다.

한중록·인현왕후전

강윤화 글 | 원성현 그림

리잼

고전소설 **인현왕후전**

 숙종 15년(1689)에 숙종 비 인현왕후 민씨가 희빈 장씨 때문에 쫓겨났다가 6년 후 사태가 역전되기에 이르렀던 사건을 인현왕후의 전기 형태로 다룬, 사실에 가까운 소설이다. 작자는 인현왕후를 모시고 있던 궁인이라는 설이 있으나, 최근의 연구로는 인현왕후 폐출에 반대했던 박태보의 후예나 인현왕후의 친정 문중 사람의 저작이라는 설이 유력하다.

 작품의 내용은 민유중의 딸인 주인공 민비가 출생하는 데서부터 숙종의 계비로 입궐하게 되어 숙종과 희빈 장씨 사이에서 겪었던 파란만장한 사건들을 다룬 것이다.
 인현왕후는 본래 예절, 법도와 외모가 빼어나고 덕성까지도 높아서 밑으로부터 존경받고 위로부터는 사랑을 받아 궁궐 안이 화기애애했다. 그러나 소생이 없게 되자 스스로 궁녀 장씨를 천거하여 숙종으로 하여금 후사를 보게 했다. 그런데 아들을 낳게 된 장씨 희빈은 인현왕후의 성덕과 외모가 빼어나고 인망이 높은 것을 시기하여 남몰래 제거하고자 계략을 일삼았다.
 장씨는 끊임없이 왕자를 방패 삼아 국모 인현왕후를 헐뜯고 나쁜 소문을 퍼뜨려 왕의 귀에까지 들어가게 하였다. 숙종은 전날의 엄숙하고 총명하던 마음이 변하여 중전 민씨를 박대 폐출시키고자 어명을 내렸다.

이때 박태보(홍문관, 예문관 소속의 정 4품 벼슬에 이조 좌랑, 암행어사 등을 지냄)를 비롯한 많은 충신이 상소하는 데 참여하였는데, 직접 상소문을 작성한 응교는 죽음을 각오하고 왕 앞에 나서서 "아비의 성품이 과하여 애매한 어미를 내치고자 하면 자식이 어이 살고 싶은 뜻이 있겠사옵니까?" 하며 왕의 무고한 처사가 장차 편안치 못한 결과를 초래할 것이라 아뢰었다.

이에 왕은 더욱 노하여 압술과 화형 기구를 사용하여 응교를 심하게 벌하였으나 응교는 뜻을 굽히지 않았다. 끝내는 유배 가던 도중에 죽음을 맞았지만, 인현왕후는 폐출되고 말았다.

마침내 세자 책봉의 뜻을 이룬 장씨는 정비의 자리에 오르게 된다. 그 사이 인현왕후는 폐출되어 온갖 모함과 궁녀들의 이간질 속에 수모를 겪으며 홀로 조카딸과 함께 외로이 지내면서 극도로 비참한 생활을 하게 된다. 그러나 숙종은 점차 인현왕후의 억울함을 알고 장 희빈의 간악함을 깨닫게 되었으며, 매사에 장씨를 의심하고 대하는 기색도 전과 달랐다. 서인들이 인현왕후의 삼촌 숙질을 다 처벌하라고 날마다 아뢰나 왕은 허락지 않았다.

희빈은 이런 왕의 마음을 알아차리고 오라비 희재와 옥사를 일으켜 충신들을 죽이고 폐비에게 사약을 내리려 하였다. 왕은 그 행동을 보고 간신들의 흉악한 음모를 깨달아 당장 간사하게 아첨하는 신하들을 다

물리치고 옛 신하들을 불러들였다.

그리고 폐위된 인현왕후의 무죄함을 밝히고 민비를 복위시켜 정비의 자리에 앉힌다. 장씨는 다시 뒷전으로 물러앉게 되자 갖은 흉계와 무술로 민비를 헤치고자 밤낮없이 계책을 꾸민다.

한편 6년 동안 그 누구도 원망하지 않음은 물론, 죄인을 자처하며 폐서인 생활을 하던 민비. 민비는 복위한지 7년 만에 시름시름 앓았고, 건강을 되찾지 못한 채 숙종의 통렬한 슬픔을 뒤로 하고 그 생애를 마친다. 그 나이가 35세. 그런데 숙종이 꿈에 어떤 내관의 인도로 민비의 거처에 가서 민비를 만나고, 민비는 장씨의 주술로 자신이 죽게 된 것과 그 증거로 궁궐의 곳곳에 감추어 놓은 해골과 꾸며 놓은 신당을 보여주게 된다. 그리하여 마침내 숙종은 장씨의 모해로 민비가 죽었음을 사실로 믿게 되었고, 끝까지 발악하는 장씨에게 사약을 내리게 된다.

이 사건은 야사나 야담에서 거듭 오르내리던 소재였는데 국문본으로 하여 독자들에게 읽을거리로 제공되었으며, 그러다 보니 이본이 매우 많아 널리 읽혔음을 짐작할 수 있다. 그 이유는 작품에서 드러나는데, 미싱의 직자가 인현왕후의 덕행을 칭송한다면서 궁중 비화를 소설에 가까운 수법으로 기술한 데 있다. 숙종과 희빈 장씨, 인현왕후 사이의 애정 갈등을 설정하여 당시 소설의 흥밋거리인 처첩간의 갈등을 다루었기 때문이다.

더욱이 선악의 대비적 구조가 뚜렷해진다. 인현왕후는 현숙한 부덕으로 모든 고난을 원망 없이 받아들이고, 희빈 장씨는 원하는 바를 이루기 위해서는 어떠한 짓이든지 서슴지 않는 악인이라고 한 것이다. 그 과정에서 국왕인 숙종의 사려 깊지 못한 점과 자기 잘못을 남에게 미루는 태도를 은근히 비판하고 있다.

또 주목할 것은, 사람이 자기의 근본을 생각지 않으면 앙화가 내리는 법과, 사람의 일은 모두가 '윤회' '응보' 라는 점의 가르침이다. 장희재와 장옥정(장희빈) 두 남매는 천인 궁속으로 다녔는데, 희재는 누이가 궁궐의 귀인이 되자 분수에 넘치는 언행을 일삼았고, 소설은 그것을 철저히 지적한다. 이러한 전기적 소설은 사건이 워낙 흥미진진할 뿐만 아니라 '권선징악' 의 주제로 일종의 교훈서 기능까지 담당한다. 그래서 널리 읽히게 된 것 같다.

알퐁스 도데
(Alphonse Daudet, 1840~1897)

알퐁스 도데 노인들

알퐁스 도데는 1840년 남프랑스 님에서 태어났다. 그는 부친이 견직물 공장을 경영하다 파산되는 바람에 어린 시절을 힘들게 보냈다. 하지만 1857년 형을 따라 파리로 따라가 오로지 문학 창작에만 몰두한 결과 이듬해 첫 시집 《사랑하는 여인들》을 발표하게 된다.

그 후 공쿠르, 투르게네프, 플로베르, 졸라 등과 교제하면서 문단사에 자신의 자리를 굳힌다. 시, 소설, 수필, 희곡 등 모든 장르를 넘나들며 글쓰기를 게을리하지 않았던 그는 주로 단편소설에 열정을 쏟았고, 〈풍차 방앗간 편지〉 〈월요 이야기〉 〈마지막 잎새〉 등을 발표한다. 그리고 이후에 장편소설 《꼬마》 《아우 프롱몽과 형 리슬레르》 《쾌활한 타르타랭》 등의 작품도 남겼다.

그의 문학적 특징은 이런 것이다. 현실을 현장감 넘치게 묘사하면서 사랑과 서정이 담긴 필치로써 읽는 이로부터 감성을 자극하기에 모자람이 없었다. 마치 한편의 수채화 같은 그의 작품 대부분이 눈물과 애정, 연민의 대화체였으며 적절히 유머까지 혼합하여 웃지 않을 수 없는 장면들을 연출하기도 했다.

이 책에서 소개된 〈노인들〉은 매우 인상적이다. 손자를 몹시도 그리

위하는 노부부 앞에, 어느 날 갑자기 손자 대신 그의 절친한 친구가 방문하고, 노부부는 마치 손자를 만난 듯 기쁨을 감추지 못한다. 손자 친구를 크게 환대하는 모습이 매우 감동적이다. 친구를 대신하여 노부부를 찾아간 친구의 역할 또한 인상적이다. 노부부가 손자에 대한 근황을 알고 싶어 사사로운 일상들까지 꼬치꼬치 물어도 귀찮아하지 않고 거짓말까지 하면서 노부부에게 흡족한 대답을 해주는 그를 통해 친구와의 우정을 되돌아볼 수 있는 기회가 되었다.

 노부부의 손자에 대한 기대는 곧 삶의 지주와 생명력의 원천임을 드러내 주었다. 그리고 혈육간의 깊은 애정에 감격하지 않을 수 없었다. 이러한 도데의 문학적 태도는 작가 개인적 기질에서 연유된 것으로 자연주의 유파에 속해있는 것 같지만 인상주의적 태도가 더 강한 것임을 알 수 있었다.

프란츠 카프카(franz kafka. 1883-1924)

프란츠 카프카 사형선고

    2008년도에 유럽여행을 하던 중 소설가 프란츠 카프카의 집필실을 찾게 되었다. 그의 집필실은 동화 속에서나 볼 수 있는 아담하고 정감이 넘치는 분위기였다. 그곳에서 카프카의 일생을 상상하며 감동한 나는 그의 작품에 대해 더욱 존중하는 마음으로 다독하게 되었고, 이제 그의 작품 세계를 순례하고자 한다.

    프란츠 카프카는 오스트리아의 유대계 작가다. 체코의 수도 프라하에서 잡화상의 장남으로 태어났다. 그는 유대인의 피를 받았으나 언어적이나 문화적인 측면에서는 독일인이나 마찬가지였다. 고향에서 초등교육을 마친 그는 그곳에서 프라하의 대학 법학교에 들어가 법학을 수학하던 중, 브로트와 인연이 되어 문학에 대한 흥미를 갖게 되었다. 이후 그는 창작에 깊이 몰두하여 소설에 열정을 아끼지 않았다. 그리하여 1905년에 어느 전쟁의 수기를 발표하였고 이어서 〈시골의 혼례준비〉 등 다수의 단편소설을 발표하기에 이른다. 그리고 대학 졸업과 동시에 노동 재해보험협회에 취직하여 소설을 본격적으로 쓰기 시작했다. 힘든 삶 속에서도 창작하는 일에 게으르지 않았던 그에게 불행하게도 폐결핵이란 병이 찾아왔고, 요절하기 전까지 그곳에서 근무할 수 있었다. 그렇게 병마와 싸움을 하며 직장생활을 통하여 사회가 얼마나 냉정하다는 것을 알게 되었고, 또한 기괴한 관료조직에 대한 환상을 좇기도 하였다. 초기 작품에서는 이러한 면모를 찾아볼 수 없었지만 1912년 9월에 완성한 단편 〈사형선고〉는 이제까지의 아류적 성향을 탈피하여 카프카 자신의 독특한 문학세계를 구축한 것을 보여주었다. 작품 〈사형선고〉에서 부자父子 관계와 아들 친구와의 삼각관계에서 아버지가 생각하는 참된 아들은 바로 아들의 친구로 설정되어 있다. 율법의 수호자인 아버지는 율법의 신봉자인 러시아에 있는 아들의 친구가 자신의 참된 아들이고, 아들은 위선자로 규정한다.

맑게 갠 어느 일요일에 약혼한 지 얼마 되지 않는 행복한 청년이 늙은 부친으로부터 뜻밖의 사형선고를 받고 무의식적으로 강가로 달려가 강물에 몸을 던진다. 이 부조리하기 거침없는 이야기는 일반적으로 공상적인 줄거리의 실마리와는 전혀 인연이 없는 고의적인 즉물성, 사실적인 문제로 씌어 있다. 이야기의 내용이 부조리하기 짝이 없지만 반면에 이야기하는 태도는 매우 자연스러워 극단의 대조와 괴리를 형성하는데 무리가 없다. 작품 전체의 엄청난 비현실성은 이와 못지않은 기이한 현실감에 의해 지탱되고 있다. 그리고 이것이 이후 완성된 카프카의 모든 작품에 기본적인 구조를 이루게 된다. 그리고 〈사형선고〉에 이어 감동을 주는 작품의 하나인 〈변신〉을 집필했다, 그 후에도 〈유형지에서〉 등의 단편을 발표하였다. 그가 자신의 문체적 장점을 좀더 눈에 띄게 발휘한 장편으로는 《아메리카 성》이 있으며, 이들 작품도 〈사형선고〉와 비슷하게 무거운 주제를 다루고 있다. 그것은 바로 개개인의 인간이 세계 전체와 어떠한 관계를 맺고 있느냐는 것이다. 그것은 〈사형선고〉에서처럼 아버지와 친구를 포함한 전체로서 주인공인 한 청년에게 부당한 힘으로서 작용한다. 이러한 부당한 힘에 대하여 인간은 그 근원에 있는 의미를 찾아내려고 노력하거나 맹목적으로 저항하면서 궁극적으로는 개인과 단체 사이의 조화를 이루어 나가려는 희망을 갖게 된다. 그러나 이러한 인간의 희망에도 불구하고 인간의 전체도 곧 외부로부터 단절되어 무참히 파멸해 간다는 것이다. 그러나 아직 카프카의 문학에 대해서는 여러 가지 해석이 분분하다. 그의 의식적 면모에 대해서도 논란이 많이 제기되고 있다.

윌리엄 셰익스피어(William Shakespeare, 1564~1616)

윌리엄 셰익스피어 **맥베스**

　윌리엄 셰익스피어는 영국의 스트랫퍼드 지역에서 8남매 중 셋째로 태어났다. 부친 존 셰익스피어는 농산물 판매사업에 성공하였고, 그래서 윌리엄이 10세까지 풍요로운 생활을 할 수 있었다. 그러나 1876년 그의 나이 10세가 되었을 무렵 아버지의 사업이 부실하여 어려운 환경에서 성장하게 된다.

　그의 나이 18세 되던 해에 8세나 연상인 앤 해서웨이와 결혼을 하여 3남매가 태어난다.

　그 이후 21세 되던 1585년~1592년까지의 행적이 묘연하다. 그러나 1592년 셰익스피어가 런던에 있었다는 것이 증명되는데, 그가 극작가로서 런던 극계劇界에 명성을 떨치고 있었기 때문이다.

　1593년에는 《비너스와 아도니스》라는 책이 셰익스피어의 최초의 작품집으로 발간되었다. 이후 3년간 그는 「로드 체임벌린 맨」이라는 극단에 소속되어 연기도 하면서 극단을 위한 작품도 썼다. 그리고 그의 나이 32세가 되던 해에 아들인 햄닛이 죽은 1596년까지는 시와 희극, 비극, 사극 등의 작품을 썼다. 그는 연극계의 중진으로 상당한 경제적 여유를 누리며 사우샘프턴 백작을 위시한 관계 거물급들과의 광범위한 사교생활을 하였다. 1596년부터 4년 동안은 주로 시 창작에 관심을 기울이며 희곡작품을 통해서도 극중 인물과의 언어와 상관성을 심화시키며 극작법의 창작성을 뚜렷이 보여주었다.

1600년에 이르러서는 셰익스피어의 작품 세계에 엄청난 변화를 보여준다. 쾌활하던 희극의 세계가 사라지고, 어둡고 비통한 일련의 비극작품들이 나오게 된다. 〈줄리어스 시저〉를 비롯하여 〈오셀로〉〈리어 왕〉〈맥베스〉〈햄릿〉등의 작품이 이 시기에 속속 출간되었고 1608년에 이르러 비극작품은 끝을 맺는다.

이 시기 그가 무거운 비극작품을 주로 쓰게 된 동기에 대해서는 알려진 바 없지만, 부친의 사망과 그의 원조자인 사우샘프턴 백작의 종신형의 감옥생활 등 갖가지 사건에 기인한 것으로 추측되고 있다. 그리고 1605~1609년까지 런던을 떠나 고향인 스트랫퍼드에서 보낸다. 이곳에서 셰익스피어는 많은 부동산을 사들였으며, 1816년 4월 23일, 53세의 나이로 타계한다.

그가 활동했던 시기는 영국에서 최초로 비극작품이 등장하여 막 희곡이 번성해가려던 때였다. 또한 1590년대에는 여러 극단이 국가의 도움을 받으며 성장해 나갈 수 있었다. 여러 극장이 개설되고 극단과 극장의 성행은 영국 연극의 황금기를 맞는다. 1590년대 초에 극계에 진출한 셰익스피어는 약 10년간 사극과 희극에 중점을 둔 창작이었으며, 1600년 그의 희곡은 비극의 세계로 바뀌었다. 이 작품들은 곧 인생의 어두운 뒤안길과 인간의 고뇌, 절망, 죽음 등을 주로 다루고 있는데, 〈맥베스〉도 이 시기에 쓴 작품이다.

〈맥베스〉는 비극 가운데의 한 작품으로써 그의 극작술이 원숙기에 접어들었음을 보여주는 희곡이다. 〈맥베스〉는 스코틀랜드에 실재했던 인물이라고 하며, 셰익스피어는 역사적 사실과 전설 등을 자유로이 넘나들며 이 비극을 완성시켰다.

작품의 줄거리는 대충 다음과 같다.

맥베스는 스코틀랜드의 장수다. 그런데 어느 날 마녀의 예언에 현혹되고 극성맞은 부인과 공모하여 자기의 성을 방문한 국왕 덩컨을 살해하고 자신이 왕위에 오른다. 그리고 그의 자손이 나중에 왕이 된다고 예언된 친구 뱅코 부자도 암살하려고 시도하지만, 뱅코의 아들은 도망치고 말았다.

이리하여 맥베스를 저주하는 소리가 온 나라에 퍼지고, 반란이 일어나자 맥베스는 다시 마녀를 찾아가 예언을 부탁한다. 마녀는 버넘의 숲이 안전한 곳이므로 성을 공격하지 못할 것이라고 예언했다. 그러나 덩컨 왕의 아들인 맬컴을 왕으로 추대한 맥더프가 인솔한 군대가 버넘 숲속의 나뭇가지를 베어들고 몸을 감추면서 그 성으로 들어갔고, 결국 맥베스는 맥더프에 의해 살해당하고 만다.

〈맥버스〉의 작품에서 마녀의 정체가 무엇이냐가 흥미의 초점이다. 그리고 외부 세계의 존재인 악마가 고귀한 영혼을 가진 맥베스를 타락시킬 수 있느냐의 여부에 대해서도 관심거리다. 그러나 맥베스 자신이 야망이 없는 존재라면 아무리 유혹을 한다 해도 살인이 가능치 않았을 것이며, 또한 마녀를 만나지 않았더라면 그러한 야망을 넘보지도 않았을지 모른다. 그러나 맥베스는 마녀를 운명적으로 만나 자신의 영광을 위해 살해하고 말았다. 그래도 그가 계속 죄를 저지르는 것은 오히려 자신의 파멸에서 벗어나려는 방어본능에서 나온 것이라고 본다. 그래서 셰익스피어는 여전히 맥베스라는 인간 유형에 대해서도 인간적인 약점과 부드러운 인간성과 고결한 품성을 부여하고자 한다. 악의 화신으로 등장하는 맥베스의 부인에서는 셰익스피어가 악을 하나의 추상적 개념으로 받아들이지 않고 살아 있는 인간을 통해서 구체화하려는 노력을 보여주고 있다. 이러한 〈맥베스〉는 셰익스피어가 탐구했던 죽음과 생의 끊임없는 갈등을 주제로 했다는 점에서 그 가치가 돋보인다.

프레데릭 아서 매켄지
(Fredrick Arthur Menzi, 1869~1931)

F·A 매켄지 한국의 비극

　프레데릭 아서 매켄지는 스코틀랜드계 캐나다인으로서 1869년 3월 케벡에서 태어났다.
　그는 일찍이 신문 기자로 많은 활약을 하던 중 31세 되던 1900년에서 10여 년간 런던 데일리 메일지의 기자로 지내면서 취재차 특파원으로 두 차례나 한국을 비롯한 동북아시아 지역을 방문하는 기회가 주어졌다. 1910년에 이르러서는 4년간 런던 타임스지의 주간으로 지냈고, 그 후 1921~1926년까지는 시카고 데일리 뉴스지의 특파원으로 러시아 및 기타 동유럽 지역을 순회하게 된다.

　1923년 러시아에서 외국인 특파원 협회의 회장직을 역임하기도 했다. 이러한 그의 오랜 기자 생활은 기행문의 형식으로 당시의 국제 정세와 각국 사회의 내면을 깊이 구명하고 문제성을 제기하는 저서들을 스스럼없이 펴내는 기록을 남기기도 했다. 그는 단순한 신문기자로서 뿐만 아니라 교양을 갖춘 지식인으로서 정치·종교·전기 등 광범위한 문제에 관한 저서를 내면서 잡지에도 기사화시킴으로 역사의 진실을 밝히기도 했다. 또한 그가 한국 문제에 관심 가지게 된 계기는 1904년 초 러시아와 일본 사이의 긴장 상태를 취재하기 위하여 런던 데일리 메일의 특파원으로 내한하게 되면서부터였다. 그가 내한한 직후에 드디어 러·일 전쟁이 터졌고, 그는 곧 일본의 군대와 행동을 같이하면서 그 전투 상황을 취재 보도하였다. 그는 그해 연말까지 한국에 머물러 있다가 러시아를 거쳐서 영국으로 돌아갔다. 그때 여행기가 1905년 런던에서 간행된 "도쿄에서 티플리스까지 전쟁에 의하여 검열을 받지 않는 편지"라는 책이다. 그는 이 책을 통해서 1904년 1월부터 1905년 4월까지 전쟁의 생생한 과정을 그대로 기술함과 동시에 러시아와 일본의 국내 정세도 같이 서술하였다.

그런데 이 책 가운데 두 장이 한국에 관련된 글로서, 제2장 〈한국의 첫인상〉과 제3장 〈전쟁 중의 세월〉이 그것이다. 당시 일본 당국은 그의 기사가 데일리 메일 본사로 발송되는 것을 방해하였고 이따금 심한 검열까지 하였다. 그는 이후 영국으로 돌아가서 약 1년이 지난 1906년 여름에 다시 동양을 방문하였다. 이번에도 또 〈데일리 메일〉의 특파원으로서 일본을 경유하여 한국·만주북부·중국을 방문하였다. 그는 한국 통감 이토히로부미가 한국에 대한 강압 정책을 고찰하고 있을 때 한국에 거주하는 일본인들의 횡포와 관리들의 한국인 죄수에 대한 비인도적 처우에 대해서도 조사하였다. 그는 한국 선제가 공포에 휩싸여 있으며 불의가 지배하고 있는 것을 보고 억누를 수 없는 분노를 느끼면서 보도하기도 했다.

그는 또한 그해 12월에 런던 중앙아시아 학회에서 일본에 대한 식민지 정책이라는 것을 강렬히 비판하는 기록도 남겼다. 그리고 2차 동양

여행의 결과물로서 이듬해 《동양의 정체》라는 저서를 간행하였는데, 이 책의 부록으로 나온 〈한국인은 일본 통치에 반대하고 있다〉라는 글에서 보호 조약 체결의 무효를 주장한 한국 외무아문으로부터 미국 대통령에게 보낸 호소문과, 최익현이 통감과 일본 내각에 보낸 공개장을 함께 싣고 있다. 그리고 그는 한국에 관한 저서를 내기로 결심하여 1908년에 《한국의 비극》을 뉴욕에서 발간하였다. 이 작품은 대한제국 이후 한국 정치의 변천을 서술한 것에서 시작하여 보호조약 체결 후의 일본의 강압 정책을 논하고 그들의 만행을 사실적으로 폭로하였다. 또한 국권 회복을 위하여 경기도·충청도·강원도 등지에서 투쟁하던 한국의 의병 활약상을 르포형식으로 자세히 소개하기도 했다. 또한 일본의 불의를 규탄하던 영국의 신문인 베셀(E·T. Bethell)의 활동에 대해서도 기술하고 있다.

그는 결론적으로 군국주의자들이 계속 정권을 장악하게 된다면 한국의 무단 통치는 더욱 가혹하게 될 것이고, 나아가서는 동양의 평화에 중대한 위험이 될 것이라고 주장하였다.

1910년 한일합방 이후 한국의 정세는 외부와 단절된 상황에서 전혀 알려질 길이 없었는데, 1919년 3·1운동이 일어나자 그는 '한국에서는 자유를 위하여 맨손으로 만세를 부르며 독립을 외쳤다'는 것과 '일본의 탄압이 총칼에 의한 것임'을 세계를 향해 보도했고, 그러자 일본의 무단 정치가 백일하에 폭로되기도 했다. 그리고 매켄지는 한국의 독립운동의 상황을 알리는 또 한 편의 저서를 1920년에 간행하였다. 《한국의 독립 운동》은 이전에 그가 기록해 놓은 일지를 정리하여 출간한 것으로서, 그는 탁월한 안목을 가지고 "일본의 팽창을 견제하지 않으면 30년 이내에 극동지역에 큰 전쟁이 일어날 것이며, 반면에 서구 국가 중에서 그 전쟁에 가장 큰 부담을 져야 할 나라는 바로 미국이다." 라고 경고했고, 이 발언은 20년 후에 발발한 제2차 세계대전으로 실현되고 말았다. 《한국의 비극》은 단순한 역사책이라기보다는 르포형식의 글인데, 그 가치가 한말의 현실을 서술한 자료로 귀중하다고 여긴다.

우리가 이 책에서 얻을 수 있는 교훈은, 군국주의적인 팽창정책은 곧 부패한 봉건 왕조의 썩은 체제를 몰고 온 것이라는 점이다. 더욱이 한말의 의병투쟁에 관한 그의 기록은 외국인의 입장에서 객관적으로 기술한 것이라는 점에서 그 의의가 크다 하겠다.

최찬식 **추월색**

최찬식(1881-1951)의 대표작인 《추월색》은 신소설이다. 이 작품은 고대소설과 현대소설의 중간에 위치하여, 과도기적인 성격을 지니고 있으므로 신소설이라고 평가된다.

그 당시 젊은이들에게 많이 읽혀진 이 소설《추월색》은, 우선 작중 인물이나 사건 배경들이 현대라는 점에 있고 또한 문장 대부분이 산문에 근접해있는, 현실적이란 점에서 고대소설과 차이가 있다고 본다.

1900년대 초기 개화된 젊은 층들을 대상으로 한 사랑의 무대들은 우리나라를 비롯한 일본·만주·영국까지 확산된 무대 배경으로 폭넓게 전개된 전형적인 애정소설이다.

최찬식은 친일파 한학자 최영년의 아들로서 경제적인 어려움 없이 성장하였다. 그의 작품들을 살펴보면 흥미 위주인 통속소설을 저술하여 관심을 끌었다. 개화사상이 강했던 그는 친일 성향을 지녔다. 그래서 작품을 통해 일본에 경도된 개화를 역설하고자 했던 의도를 엿볼 수 있다. 누구나 원하는 남녀의 사랑을 흥미롭게 이끌어 가는 신소설은 그 당시 젊은 층들의 독자들에게 화제가 되었다. 그는 언론·출판사에서 한동안 일했으며, 특히 1910년대에 일본인이 낸 잡지 《신문계》《반도

시론》 등의 기자로 일하면서 작품 활동을 하였고, 단행본으로 출판한 장편 10편이 가장 중요한 문학 활동이다. 그 기간이 1912년~1926년까지였다. 그 이후 독자들로부터 잊혀졌다가 세상을 떠났다.

그의 작품 《추월색》의 소설 내용을 대충 간추려본다.
김 승지의 아들 영창과 옆집에 사는 이 시종의 딸 정임은 어려서 정혼한 사이로 매우 친하게 지냈다. 그러나 영창이 열 살 때 아버지가 평안도 초산군수로 간 뒤 민요民擾로 인하여 소식이 두절되었다. 정임의 부모는 고민 끝에 정임을 딴 곳으로 시집보내려 한다. 그러자 정임은 가출하여 온갖 고난 끝에 일본에서 여학교를 마친다. 한편, 초산에서 김 승지 내외는 난민에게 붙잡혀 가고 부모를 찾아 헤매던 영창은 강가에 쓰러지는데, 때마침 그곳을 지나던 영국인 자선가 스미트에게 구출되어 영국에서 대학 공부까지 마친 뒤 일본으로 오게 된다. 어느 가을밤, 강 한영은 공원에서 달구경을 하는 정임을 겁탈하려다가 한 젊은이의 출현으로 뜻을 이루지 못하고 그녀를 칼로 찌르고 달아난다. 결국 그녀를 구해준 젊은이는 영창임이 판명되고, 둘은 귀국하여 신식 혼인식을 올린다. 그리고 만주로 신혼여행을 하던 중, 죽은 줄로만 알았던 영창의 아버지까지 상봉하게 된다. 이와 같은 내용에서 주제의 방향을 신교육관 신혼인관에 역점을 두고 있으며, 부패한 관료에 대한 민중의 봉기가 사건 전개과정에 삽입되어 당대 현실의 단면을 반영하기도 한다. 젊은이들의 일본·영국 등 선진국에서 유학하여 새 지식을 받으며 신교육을 받은 여성을 주인공으로 내세우고 있는 점 등에서 신교육관이 드러나고, 어릴 때 친구이자 정혼자로서의 당사자들이 성장한 뒤 다시 독자적인 의사로 혼인을 결정하는 신·구 절충적인 모습에서 새로운 혼인관을 엿볼 수 있다.

이 작품은 1912년에 「회동서관」에서 낸 이후 독자들로부터 사랑을 받은 작품으로 성공을 거두어 1921년까지 거듭 재판되었다. 남녀 이합형 소설의 공식을 당대를 무대로 재현하면서 외국에 대한 관심을 자극하였고, 사건의 극적인 전환이 거듭되면서 충격을 준 것이 성공의 비결이었다고 할 수 있다. 이 작품은 신소설 작품 가운데 가장 많은 제판을 찍은 점에서도 알 수 있듯이 오랫동안 많은 독자에 의하여 애독되었다는 점에서 개화기 애정소설의 본보기 중 하나라고 할 수 있다. 또한 소설의 제목을 《추월색》이라고 하여 서두에서 그린 장면을 인상 깊게 하고자 한 것이 성공한 이유 중의 하나이고, 연예 소설로서 당대를 무대로 재현하면서 외국에 대한 관심을 자극하고 사건의 극적인 전환이 거듭되게 해서 충격을 준 것 등을 높이 들 수 있다.

앙리 파브르(Jean Henri, Fabre, 1823~1915)

앙리 파브르 **곤충기**

곤충의 세계도 인간의 세계와 같이 질서와 생활이 있음을 말해주는 파브르의《곤충기》는 단순한 과학적 지식을 위한 '곤충기'가 아니라 문학작품의 경지에까지 이른 것으로서, 말을 하지 못하는 곤충의 세계에서도 인간이 배워야 할 점이 많다는 것을 시사하고자 했다.

앙리 파브르는 프랑스의 아비뇽의 생레옹에서 농부의 맏아들로 태어나 어린시절부터 가난을 몸소 체험하며 아비뇽 사범학교를 졸업하였다. 그 후 카르팡트라스 시에서 초등학교 교사를 지냈고 이후 몽펠리의 대학에서 물리, 수학을 마친 그는 1849년 코르시카섬의 중학교 물리 교사로 임명된다. 4년 후에는 아비뇽에 있는 고등학교 교사로 있다가 이학사理學士 시험에 합격하게 된다. 그리고 31세 되던 해인 1854년 겨울, 레옹 뒤푸르의〈사냥벌〉에 관한 논문을 읽고 감명받았는데, 곤충연구에 일생을 바칠 것을 결심하는 계기가 되었다. 이듬해〈노래기벌〉의 연구를 발표한 뒤 아비뇽에 있는 르키앙 박물관장으로 지내게 된다. 1868년에는 뒤루이의 예방禮訪과 레종 도뇌르 훈장을 받고 이어서 교단과 박물관의 자리에서 물러나 과학 보급서를 저술했지만, 그는 여전히 빈곤에서 벗어나지 못하는 현실을 맞아야 했다. 1878년 마지막 거처인 세리니앙의 아르마스로 이사하여, 한동안 출판 수입으로 평화롭고 안락한 생활을 보냈으나, 1908년부터 다시 빈곤에 처하게 된다. 1910년에 파브르의 후원회가 발족되고, 스톡홀름 학사원學士院에서는 리네 상을, 프랑스 정부는 레종 도뇌르 훈장과 연금을 받게 되어 다소 궁핍한 생활을 모면하기도 한다.

파브르의 《곤충기》 제1권은 그가 56세 되던 해인 1879년에 발간하였으며 마지막 제10권은 1907년에 펴냄으로써 29년의 긴 세월을 두고 곤충학의 금자탑을 이룰 만한 작품이 완성되어 그의 이름이 역사에 남게 되는 명저가 되었다.

그의 《곤충기》에서 말했듯이, 말못하는 벌레를 상대로 하는 세계에서도 책임을 중히 여기는 인격, 양심, 의무, 일에 대한 가치를 강조하였고, 자신도 그러한 규범 속에서 평생을 살아왔다는 것을 볼 수 있다.

우리는 이 책을 읽음으로써 곤충의 본능이나 습성, 그리고 숨은 비밀을 알 수 있으며, 우리네 인생관도 굳건히 세울 수 있는 데에 더 큰 의미를 부여했다.

이러한 책이 세계적인 애독자를 갖는다니, 놀라운 일이다. 이 책이 일종의 문학적 고전으로서 많은 사람에게 읽혀지고 있다는 것. 놀라지 않을 수 없다.

극작가 로스탕은, '파브르는 철학자처럼 사색하고, 예술가처럼 관찰하고, 시인처럼 느끼고, 표현하는 위대한 과학자이다' 라고 말했다. 다소 문학적 과장이 포함되어 있지만 파브르만의 독창성에 대해 남다르다는 것을 표현한 극찬일 것이라고 필자는 생각한다.

그리고 《곤충기》는 파브르라는 희귀한 인격에 의해서 비로소 실현될 수 있었던 시적詩的 과학서科學書로서, 재능과 곤충학의 배합이다. 파브르는 천성적인 관찰자로, 어려서부터 자연에 강한 관심을 갖고 있었다.

《곤충기》는 힘겨운 인생고人生苦를 넘어, 인생에 대한 숱한 사색을 통한 노老 과학자의 손으로 완성된 것으로, 당연히 거기에는 그의 풍부한 인생체험의 회상이 담겨지게 된 것이라 본다. 원래 시인적 감수성이 풍부했던 파브르는 일찍부터 문학에 관심이 많았고 고전작가에서 근대작가에 이르기까지 탐독, 과학자로서는 보기 드문 고도의 문학적 교양을 몸에 지닌 듯하다.

곤충학자로서의 파브르는 곤충의 습성에 연구의 주안점을 두고, 습성, 생태의 연구를 통해 곤충이라기보다 생물의 미묘한 본능의 실태를 규명하려 했던 것 같다. 《곤충기》의 부제가 〈곤충의 본능과 습성의 연구〉로 되어 있는 것은 그 때문일 것이다.

그가 당시까지의 곤충학의 주요 영역이었던 분류학에 큰 흥미를 보이지 않은 것은, 이 미천하고 애처로운 생물의 섬세한 본능의 작용을 보면시, 생명의 어두운 비밀을 감추고 있는 사실에 무엇보다노 삼농했기 때문일 것이다. 《곤충기》제10권은 바로 이 위대한 주제의 추구라고 할수 있다.

《곤충기》전편에 걸쳐 작자가 군데군데 가난한 사람들에의 사랑, 권력자에의 반감, 전쟁에의 증오 등을 토론하여 깊은 인간애가 자연에의 사랑과 일체를 이루고 있는 점은 이 작품의 또 하나의 매력이라고 생각된다. 그리고 그는 숱한 시행착오의 실험을 통해서 벌과 개미, 거미, 파리 등의 종류와 생김새, 그리고 독특한 습성, 먹이를 잡는 방법, 생식을 하는 과정, 먹이의 종류, 생존을 위한 경쟁, 먹이 사슬의 연결고리 등을 관찰하면서 인간의 생활과 습성, 기질로 비유하여 설명한 것이다. 그러한 작업을 통해서 마침내 자연과 인간의 유사점을 발견하고서 자신의 세계관을 거기에 투영시키려고 시도 함으로써 단순한 연구 보고 단계를 초월했다고 본다. 그는 일생을 통해 곤충들과 생활하며 예리한 눈으로 세심하게 실험하였다. 수많은 곤충 관련 연구 성과가 오늘의 결과라고 볼 수 있다.

헨드릭 하멜(Hendrik Hamel, 1630~1692)

헨드릭 하멜 하멜 표류기

 헨드릭 하멜은 네덜란드의 선원으로서 네덜란드의 동인도 회사 직원이었다. 그는 선박 스페르베르 호를 타고 타이요완을 거쳐 일본의 나가사키로 가던 중 풍랑을 만나게 된다. 일행 38명과 함께 제주도에 표류된 하멜은 제주 목사 이원진의 심문을 받고 그 이듬해 서울로 압송되어 훈련도감에 편입된다.

 그때만 해도 우리나라와 네덜란드의 무역 교류가 없었던 관계로 제주에서 본국으로 연락할 길이 없었던 그는 절망에 빠질 수밖에 없었다.
 1657년 강진의 전라병영, 1663년 여수의 전라좌수영에 배치되어 잡역에 종사하며 힘든 시간을 보내던 그는 1666년 7명의 동료와 함께 극적으로 탈출하여 일본을 경유하여 1668년에서야 본국으로 귀국할 수 있게 된다.
 헨드릭 하멜은 이후 우리나라에서 14년간 억류생활을 한 경험을 바탕으로 《하멜 표류기》와 《난선 제주도 난파기》를 저술하기에 이른다. 그리하여 이 책을 통해 우리나라의 상황을 최초로 유럽에 알리게 된 문헌이기도 하다.

1668년에 네덜란드어본·영역본·불역본·독역본이 출간되었으며, 우리나라에서는 해방 직후에 이병도의 박문 문고본이 나왔다.

작품의 내용을 잠시 훑어보면 네덜란드 선박인 스페르베르호가 1653년 1월에 네덜란드에서 출발하여 그해 7월 타이완을 거쳐, 일본의 나가사키로 항해하던 도중 폭풍우에 휘말려 8월 중순경 제주도 근방에서 파선 당하게 된다. 선원 64명 가운데 38명만 제주도에 도착하여 제주감영의 간졸들에게 사로잡힌 경위와 1653년 이후 14년간 전국 각지로 압송되어 다니며 겪었던 괴로운 생활 등을 사실적이고도 상세하게 논픽션한 작품이 현장감 넘친다.

《하멜 표류기》에 부록으로 실린 〈조선국기朝鮮國記〉에는 우리나라의 지리·풍속·산물·경치·군사·법률·교육·무역 등에 관한 상세한 기록이 담겨 있어서 우리나라를 유럽에 소개하는 계기를 마련하였다. 그것은 당시의 국내 실정과 생활사를 알아보는 데 좋은 참고자료가 된다. 좀 더 보충하자면 그 당시 서양인들이 동양에 대해 부정확하게 알고 있을 때, 일찍이 일본은 포르투갈, 네덜란드 등 유럽과 상업교류를 활발히 하고 있었다는 점도 알 수 있다. 하멜 일행이 일본에 난파한 것이라면 다른 유럽인을 만닐 수도 있고, 그들의 회사와도 연락이 되어 쉽게 본국으로 돌아갈 수 있었을 것이다. 하지만 저자는 오랜 기간 한국에서 지내며 한국의 정서와 역사를 접하게 되었다.

'우상숭배보다 윗사람에 대해서 보다 많은 경의를 표하는 한국인들의 고관과 귀족들은 우상을 지키는 일이 절대로 없다'라고 묘사했는데, 이것으로 보아 조상을 모시고 제사를 지내는 유교의 풍습을 잘 나타내기도 했다. 또한, 승려는 국가에 공물을 바치고 노동을 많이 해야 하는 의무를 지녔다는 점에서 당시 불교를 억제하고 탄압하는 정책을 쓰고 있었음도 밝혔다.

일본과 임진왜란, 병자호란을 마친 후로 청과는 명과 맺던 조공무역의 형태를 유지하며, 일본과는 왜관을 설치하여 무역을 하였다는 것도 잘 나타내었다. 조선 시대 동맹국이었던 청과 명이 일본이 조선 땅에 명분 없이 쳐들어 왔을 때 군사조차 지원하지 않았던 것과, 역사는 돌고 돈다는 것도 저자는 말하고 있다. 또한, 조선 시대에 왕명을 받고 비밀리에 지방을 순행하면서 약정을 규명하고 민정을 살피던 임시 관직인 암행어사가 행차할 때는 도착하는 날을 미리 통지하지 않는다는 것도, 미복으로 암행하여 수령의 행적이나 백성들의 억울한 사정을 살펴 필요한 경우에는 '암행어사 출두'를 하여 그 신분을 밝힌다는 것도, 그렇게 암행어사가 하는 일이 극적인 장면이 많다는 것도, 수령의 잘못이 밝혀지면 그 죄질에 따라 관인을 빼앗고 봉고 파직하여 직무집행을 정지시키고 임시로 형옥을 심리하여 백성들의 억울함을 풀어주는 일도 세세히 기록했다. 암행어사는 임무가 끝나면 서계를 통해 수령의 행적에 대해 상세히 기록하고, 별단에 자신이 보고 들은 일들을 적어 국왕에게 바쳐 지방행정의 개선을 촉구했다는 것도 적었다. 선조 때까지 암행어사에 대한 비판이 강하여 거의 파견하지 못하다가 인조 때부터 점차 제도화되었던 것과 1892년 고종이 이면상을 전라도 암행어사로 파견한 것을 끝으로 폐지되었다는 사실도 저자는 놓치지 않았다.

토머스 벌핀치
(Thomas Bulfinch, 1796~1867)

토머스 벌핀치 그리스 로마신화

    토머스 벌핀치는 미국 매사추세츠 주의 보스턴 근교 뉴턴에서 1796년 7월 15일에 태어났다. 그의 부친은 유명한 건축가였고 모친 하나프소프는 벌핀치 외 10명의 자녀를 낳았다.
    벌핀치는 라틴 학교와 필립스엑서터 아카데미 등의 명문 학교를 거쳐서 1814년에 하버드 대학을 졸업한 그해 모교인 라틴 학교에서 교편을 잡게 되었지만, 그 이듬해부터는 형의 사업을 돕는 일을 했다.

    1818년 22세가 되던 해 건축가인 아버지가 국회 의사당 설계를 맡게 되어 벌핀치는 아버지를 따라 워싱턴으로 이주하게 된다. 그리고 7년 뒤 다시 보스턴으로 귀향하여 여러 가지 사업을 해봤지만 모두 실패로 돌아갔다. 1837년 일자리를 구하던 중 운 좋게도 보스턴의 머천트 은행에 입사하게 되어 평생 그곳에서 근무하며 빈민 아동들을 위한 구제 사업과, 노예 폐지 운동에도 적극 지지하며 독신으로 살다가 1867년 71세로 생을 마감하였다.
    학창시절 《시지프스의 신화》를 읽고 큰 영향을 받은 적 있어 '그리스로마신화'를 조심스럽게 접근해봤다. 생각보다 딱딱한 학문으로서가 아닌 신화 속의 이야기들을 재미나게 서술하고 있어 읽는 데 부담스럽지가 않았다.

그리스 신화는 올림포스 산꼭대기에 있는 12명의 신이 중심이 된다.

이들 외에도 지상과 지하와 바다에 사는 신과 요정들이 무수히 존재하고 또 신과 관계를 맺은 영웅과 보통 인간들이 모두 등장한다. 신 가운데 우두머리는 제우스다. 그는 자신의 아버지인 크로노스를 제거하고 신들의 왕위에 올랐기 때문에 가족 가운데 자신의 지위를 탐내는 자가 있을까 항상 두려워하고 경계한다. 제우스의 아내는 헤라인데 헤라는 제우스가 3백 년 간의 노력 끝에 맞이한 아내이다. 이들과 그 외 신들에 관련된 이야기가 그리스 신화다.

그리스 신화의 신들은 종교에서의 신처럼 신비하고 전지전능하지는 않으며, 그들도 우리 인간과 다름없이 웃고 울기도 하고 성내기도 하며 감정과 행동을 나타낸다. 단 인간적인 것과 다른 점이라면 초능력으로 서로 다투기도 하고 싸우며 사랑하기도 한다는 점이다. 이처럼 인간과 다르지 않아 보이는 여러 신이 인간 세상의 온갖 사건에 참여하고 간섭하는 가운데 벌어지는 각종의 기담, 모험담, 연애담 등이 그리스 신화의 줄거리다.

신화란 인간 역사와 너무나 밀접하게 관련되어 있어, 인간들이 원하는 기대와 행복과 두려움과 삶의 열정을 공상적으로 반영한 이야기들이 오랜 시기가 지나면서 형식을 갖추게 되었다. 이야기에 등장하는 신화적인 인물 또한 최대한 모순점을 비켜 가려는 전형성을 지니게 된 것 같다. 그리스 신화는 기원전 8~9세기 즉 호메로스의 시편에서 소개된 이래로 이교 세계의 종말인 그리스도 탄생 후이다. 즉 서기 3~4세기에 걸쳐 그리스어를 사용하는 여러 지방에 널리 퍼져 있던 갖가지의 불가사의한 설화와 전설을 총괄하여 부르는 명칭이다.

  이러한 신화의 기원과 성격을 규명하기란 어렵지만, 서구의 정신사에 미친 그리스 신화의 역할은 매우 크다고 본다. 왜냐면 이 신화가 문학, 철학, 사학자들의 저서에 많이 인용되어 신화의 상당 부분에 접했기 때문이다.

토머스 벌핀치 -그리스로마 신화

채만식(菜萬植 1902~1950)

채만식 **레디메이드 인생 | 민족의 죄인**

    채만식은 일제식민지 시대에 풍자소설과 농민소설로 많이 알려진 대표적인 작가다.

    그는 1902년 6월에 전라북도 옥구군에서 부친 채규섭과 모친 조우섭 사이에서 7남 2녀 가운데 다섯째 아들로 출생하였다.

    그의 성장 시절 우리나라는 일본의 토지 수탈정책의 일환으로 일본인 자본가들의 매점매석買占賣惜이 성행하던 때였다.

    채만식의 부친도 예외는 아니어서 일본인 지주와 자본가들에게 토지를 몰수당해 그의 젊은 시절은 경제적 어려움에 시달려야만 했다. 채만식의 고향은 바다가 가까운 곡창 지대와 평야 지대로서 교통도 편리하여 물자의 교역이 성하던 곳이었다. 그래서 일본의 수탈행위가 더욱 심했던 것 같다. 이러한 현실의 변화 가운데, 채만식이 열 살쯤이었을까, 임피 보통학교에 입학할 때만 해도 '보명 의숙' 이라 불리던 이름이 일본의 교육제도로 개편되면서 '보통학교' 라는 명칭으로 바뀌었다. 그는 보통학교를 졸업한 후 1918년 서울에 있는 중앙 고등보통학교에 입학했다. 그 시기에는 서울에서 유학한다는 것이 유례가 없었던 관계로 고향에서는 큰 파문을 불러일으킬 만한 일이었다.

    채만식의 집안은 양반도 선비도 아니었다. 그렇다고 해서 하층도 아니었고, 또한 사상적으로 항일 의식이 투철했던 것도 아니었으며, 친일을 한 사실도 없다. 이러한 위치에 있으면서도 시대적 변화를 재빨리 감지했던 부친은 새로운 개화문물에 적극적인 태도를 보였다. 그리고 그의 부친은 신학문에 대해서 부정적 인식이 만연해 있던 주변의 시선을 전혀 개의치 않고, 오히려 그의 유학이 자극제가 되어 여유 있는 집안의 자제들이 속속 상급학교로 진학하는 일이 발생하였다.

채만식이 중앙고보에 입학한 일은 그가 특별히 우수한 학생이었기 때문만은 아니다. 당시 사학私學은 지망자 수효가 모집 정원과 비슷할 정도였다고 한다. 그런데 그가 입학할 당시 중앙고보는 상당히 좋은 조건에 있었다. 건물은 신축 교사였고 그가 재학생으로 있던 시기에 송진우, 최두선, 현상윤과 같은 인물들이 차례로 교장으로 재임했고 특히 젊은 체육 교사 조철호는 열렬한 민족주의자로서 학생들에게 큰 영향을 주었다. 더욱이 채만식은 운동을 좋아하여, 축구선수로까지 활약했던 일로 미루어 보아 그의 감화가 컸으리라 짐작된다.

중학 시절에 채만식은 3.1 독립운동을 겪었으며, 부모들의 강요로 운선흥이라는 구식 여성과 혼인을 하였다. 이 결혼은 행복하지 못해 헤어진 후 김씨영 이라는 신여성을 아내로 맞아 일생을 마치게 된다.

이렇듯 민족 독립운동을 목격하게 된 채만식은 당시 현실에 대한 청년다운 위기감을 충분히 가졌을 것으로 추측된다. 그 후 1922년 3월 중앙고보를 졸업하였고, 1개월 후 일본으로 건너가 와세다 대학 부속 제일 와세다 고등학원 문과文科에 입학하였다 이 시기 그의 관심은 여성의 권익문제, 종교와 문학 문제에 마음을 주고 있었다. 약간은 감상적이면서도 미숙한 문제로 습작을 써내기도 하였다. 그 작품에는 막연하나마 민족적 각성도 드러나고 있다. 그런데 1923년 9월 관동 대지진이 일어나고 일본인들이 조선인을 대량 학살하는 사태가 벌어지자 유학을 중단하고 서둘러 귀국하고 말았다. 고국으로 돌아온 채만식은 그때부터 평생을 가난에 시달리면서 살아야만 했다.

귀국한 바로 이듬해에 채만식은 짤막한 단편 〈세 길로〉를 조선문단에 발표하여 문단에 발을 들여놓는다. 그 전에 이미 〈과도기〉와 〈황금 원〉을 완성했으면서도 검열 때문에 발표하지 못했던 것이다. 이후 그는 교사로, 신문기자로, 잡지 편집자로 직업을 바꾸어 가면서 간간이 글을 썼다. 그러나 1934년 〈레디메이드 인생(기성품 인생)〉을 발표하기까지는 본격적으로 집필 활동에 몰두하지는 않았다.

〈레디메이드 인생〉은 1934년 5월부터 7월까지 3회에 걸쳐 《신동아》에 연재, 발표되었다. 1930년대의 도시 공간을 배경으로 하여 인간관계의 긴장 및 소외감을 다룬 작품으로써, 작가의 작가적 위치를 확립시켜 준 작품이자 간판 작품으로 일컬어질 정도의 대표작이다.

주인공 P는 대학을 나온 실직 인텔리로시 극도의 빈궁에 시달린다. 구직을 위하여 동분서주하던 P는 어느 날 모 신문사의 K 사장을 찾아가 채용을 부탁하지만 거절당한다. K 사장은 P에게 도시에서 직장을 구할 것이 아니라 농촌에 가서 봉사 활동이나 하라는 동문서답 격의 충고를 한다. 당장 먹을 것마저 없는 P는 K 사장의 말이 '엉터리없는 수

작'임을 절감하면서, 인텔리를 양산하고는 외면하는 역사와 사회를 원망한다.

집으로 돌아온 P에게는 형이 보낸 편지가 기다리고 있었다. 이혼한 아내가 낳은 아들을 양육해온 형은 아이가 학교에 갈 나이가 되었으니 데려가라는 것이다. 아들을 데려오기는 하지만 학교에는 보내지 않으리라고 P는 결심한다. 인텔리를 만드는 것은 곧 아이의 장래를 참담하게 한다고 생각한 것이다.

마침 찾아온 친구인 H와 M을 따라 거리로 나온 P는 이곳저곳을 방황하다가, 마침내 H의 책을 전당포에 잡힌 돈으로 동관의 윤락가로 가서 술을 마신다. 술에 취했을 때 계집아이 하나가 화대가 이십 전이라도 좋으니 자고 가라고 붙들자 P는 정조의 값이 너무 싸다는 데 충격을 받고, 있는 돈을 다 털어 내던지고 그곳을 나온다. 며칠 후 P는 친분이 있는 어느 인쇄소 문선과장에게 아들을 견습공으로 채용해줄 것을 부탁한다. 아들이 서울에 온 다음날 아침 P는 아들을 인쇄소에 데려다 맡긴다.

신문기자로서의 생활은 지나치게 괴팍스러웠다. 결벽증까지 있어 너무 비타협적이라는 평판 가운데 인간관계가 원만치 못했다. 기자라는 직업은 그에게 있어서 현실에 대한 폭넓은 이해와 비판적, 진보적인 역사관을 갖게 하였다. 그래서 그의 작품 중심 제재가 민족과 사회, 역사의 문제들을 잘 들추어낸 것 같다.

1936년 초에 마침내 그는 본격적으로 창작에만 전념하기로 결심하고 조선일보사를 그만둔 후 형이 사는 개성시 남산동으로 거처를 옮겼다. 이곳에서 5년간 《탁류》《태평천하》《금의정열》등 장편소설을 비롯하여 다수의 소설과 희곡을 집필하였다.

1930년 당시의 문단 상황은 이광수, 김동인, 현진건 같은 신문학의 1세대는 퇴진하고, 1930년대 말부터 등장한 작가들이 주류를 이루고 있었다. 그들 가운데에는 카프 파가 일제에 의해 강력하게 탄압받은 이후 농촌이나 역사 쪽에 관심을 돌린 이기영, 한설야 같은 이들도 있었다.

세이 せいしき [正式] 시기의 역사적 현실은 일본에 의한 식민통치가 새로운 면모로 변화하는 과정이었다. 세계를 전복하려는 침략의 야욕 속에 우리나라는 노동과 자원을 약탈당하였고, 더 나아가서는 그들의 상품시장이요, 병참 기지로서 엄청난 희생과 고통에 시달리지 않을 수 없었다. 일제의 사상적 통제는 유례없이 삼엄해져서 민족에 대한 일제의 논의가 억압의 대상이 되었다. 그래서 당시 문인들은 사회 변혁적 의지를 상실한 채 개인의 내면 의식, 문학의 형식적 측면 등의 관심으로 돌아서게 되었다. 그것은 문학적 후퇴라고 파악할 수 있겠으나 다른 측면에서 본다면 현실에 대한 예술적 형상화라는 성과를 이룩한 것이라 하겠다.

특히 채만식은 식민지라는 상황에서 발생한 사회적 모순들, 즉 조선왕조라는 봉건 질서의 잔존물들과 식민지적 자본주의화에 따르는 농촌의 피해상과 노동 계급의 성장, 식민지 교육을 통한 소시민적 지식인의 양산과 그들의 실직문제, 사회 운동의 좌절과 그에 따른 인격적 파탄 등에 대해서 진지한 태도로 접근하고자 했다. 그래서 그는 풍자작가로 일컬어질 만큼 현실을 비판적 시각으로 묘사하는 데에 마음을 쏟았다.

당시 채만식은 1940년부터 1945년까지의 서울 생활을 청산하고 고향에 내려갔지만, 형이 광산업에 손대어 많은 부채에 시달렸다. 원고료마저 충분치 못한 상황에서 생계를 위해 작품을 써야만 하는 형편에 처하게 된다. 더욱이 당시의 현실 상황도, 민족 말살 정책으로 그는 옴짝달싹도 못하는 무능한 개인으로 전락하고 만다.

그래서 당시 상황이 작품 〈소망〉에 잘 그려져 있다. 현실의 부정은 점차 강화되고, 미래에 대한 기대는 상대적으로 약화된다. 이러한 현실 부정은 사회뿐만 아니라 자신에 대한 부정에까지 이른다.

〈민족의 죄인〉은 결국 전체주의에 굴복하고 마는 한 개인의 비참한 삶을 보여준다. 그것은 실제로 친일문학 대열에 끼였던 채만식 자신을 단죄하는 몸짓이기도 하였다. 자기 자신을 역사의 심판대 위에 세워놓고 '민족의 죄인'이 된 과거의 행적을 스스로 증언하였다. 그리고 민족의 장래에 대해서도 불만족스러운 태도를 보이며 민족사의 증인임을 자처했다.

그러나 채만식의 눈에는 현실의 모순을 보면서도 그 모순을 넘어서는 미래에 대한 전망은 보이지 않았다. 그것은 채만식 자신의 존재에 대한 확고한 의식이 없었다는 점으로 들 수 있다. 그는 현실에 대한 부정으로 농촌으로 도피했으나 그곳에서도 뚜렷한 사명감을 갖지 못했다. 그리하여 방황하는 가운데 자신의 현실적인 인식을 실천으로 구체화시킬 만한 계기를 찾지 못하였다.

　채만식은 해방된 후에도 뚜렷한 작품 활동을 하지 못한 채 안타깝게도 1950년 6월 11일 숨을 거두고 말았다. 1930년대 작가로서 채만식은 60년대까지 크게 부각되지 않았으나 70년대에 이르면서 그의 시대에 대한 적극적인 비판적 태도를 인정받게 되었다. 그리하여 그의 작품은 새롭게 발굴되었고, 염상섭과 더불어 사실주의 작가로서 문학사의 뚜렷한 위치를 차지하게 되었다.

고골리(Nikolai Vasil'evich Gogol, 1809~1852)

고골리 **외투**

고골리는 근대 러시아의 사실주의문학의 확립자라 일컬어진다. 그는 남러시아에서 1809년 3월 8일에 태어났다. 그의 부친은 카자호 족의 혈통을 이어받은 소지주로서 연극을 즐기며 취미로 희곡작품을 몇 편 남기기도 했다.

고골리는 아버지의 영향을 받아 중학교에 들어가 희곡을 쓰면서 문학적 재능을 발휘하던 중 동인 잡지《즈베즈다》를 발행하기도 했다.
고골리 16세 되던 해 부친이 세상을 떠났고, 그는 독립을 결심하여 페테르부르크로 찾아간다.
그는 평소 배우가 되는 것이 꿈이었지만 온갖 노력을 다하여도 뜻을 이루지 못해 관청에 들어가 일을 하게 된다. 그러나 관리들의 추악한 속성을 보고 그 자리를 버리고 나온다. 그 무렵 자비로 낭만적인 전원시 작품인《간츠 큐우해리가르텐》을 출간하였으나 세인들의 악평을 받자 서점에 배포된 책까지 손수 거둬 불태워 버리고 만다. 그는 페테르부르크에서 실패만 거듭하다 결국 뤼베크로 떠난다. 뤼베크로에서 작품〈디카니카 근교 야화〉를 계기로 푸슈킨을 만나게 되어 문학창작에 도전하는 계기가 된다. 이 작품은 우크라이나 지역에 전해오는 민담이나 전설 등을 바탕으로 하여 생기 넘치는 낭만주의적인 특색을 갖춤으로써 그의 이름이 문단에 알려지게 되었다. 이후 낭만주의적 경향의 〈타라사 불리바〉〈비이〉〈옛 기질의 지주들〉〈이반 이반노비치와 이반니키포로비치의 싸움〉 등 작품을 발표하기도 하였다. 이후 이어진 작품 중 한 편이 《외투》다.

이 작품의 주인공은 미래가 보장되어 있지 않은 말단 하급관리인이었다. 출근하면 허리를 45도로 굽혀야 했고, 반복되는 일에만 매달려 진부한 생활을 하는 하급관리인의 비극적인 운명을 다룬 작품이다.

작가가 주인공에게 의도적으로 인도주의적인 자세를 보이고자 노력했던 것을 엿볼 수 있다. 비록 주어진 운명은 비극이었다고 말할 수 있으나, 주인공을 미스테리한 존재로 등장시켜 이승에서의 억울함을 풀어준다는, 그 점에서 주인공에 대한 작가의 인간애적인 내면이 크게 와 닿는다.

주인공 아카키 아카키예비치라는 하급 관리가 외투 때문에 겪는 불행에 대한 슬픔에 안주하려는 인간의 약자적 속성을 제거해 주는 역할을 해냄으로써 작가의 훌륭한 재능을 보여주었다.

아카키 아카키예비치는 주변 사람들로부터 놀림감이 될 만큼 우둔하고 단순한 인물이었다. 언제나 고지식하고 변화를 모르는 그는 외투 한 벌 때문에 비참한 최후를 맞게 되지만 어떤 누구도 그의 죽음을 놓고 안타까워하지 않는다. 그것을 보면 당시 하층민의 생활이 얼마나 비참했는지를 알 수 있다. 아카키 아카키예비치와 같은 성실한 인간에게 부여된 경제적인 여유가 없는 사람은 사람대접을 받지 못한다는 것을 지적하였다. 더욱이 그가 외투를 잃은 후에 찾으려는 노력 가운데 당시 관리들의 허위의식이 어떠했는가도 잘 그려 주었다. 이것은 곧 인간 자신이 자신도 모르는 사이에 내부에 잠재해 있던 비인간적인 요소가, 얼마나 잔인하고 무서운 결과를 야기할 것인가를 모르고 행동하는, 닫혀진 체제에 소속된 관료들의 속성을 낱낱이 말해주고 있다.

이렇듯 러시아 사회의 병폐적인 제도와 국가조직의 모순된 실상을 섬세한 필치로 잘 묘사해내어 존경스럽기조차 하다. 그리고 그의 희곡작품인 〈검찰관〉은 사회 풍자극으로서 그 시절 크게 파문을 일으킨 비판적 리얼리즘의 시발점이 된 작품이기도 하다. 이후 〈죽은 혼〉을 발표하였는데, 도덕적으로 비정상적 의식을 지닌 인물 형상들을 묘사해냄으로써 부끄러운 러시아의 뒷면을 그대로 폭로하였다.

이 작품에서 몰락할 수밖에 없는 러시아의 모순 된 현실을 지적한 측면에서 대단한 업적을 남겼지만 1부를 완성하고 2부를 집필하면서 고골리는 전부터 앓아오던 신경증적인 발작에 시달린다. 그는 현실에 직면한 극심한 공포로 하여 정신적 광란 증상을 보이면서 비참하게 생을 마감하였는데, 나이가 44세였다.

오영수(吳永壽, 1914~1980)

오영수 **단편소설 순례(1)**

　오영수는 전형적 단편소설 작가로서 2백여 편의 작품을 남겼다. 그의 작품은 주로 한국적인 정서로서 사상과 학술 등의 기본적인 방향으로 흐르는 경향이 강하다. 그리고 그의 작품은 대부분 서민층을 향한 애정이 깊은 흐름을 이루고 있다. 또 읽기 쉬운 맑은 문체로서 서정적인 흥취와 소시민적인 따뜻한 정감이 특색이기도 하다.
　생기 없거나 각박한 현실에 굴하지 않고 온화한 인정으로 살아가는 삶의 애환을 수채화처럼 잘 그려냄으로써 작가의 문학적 지론이 더 큰 자리를 차지한다.
　'오직 참되고 아름다운 것은 시간과 국경과 민족을 초월한다. 즉 인류 보편적 감동… 이것이 곧 예술의 세계성이다' 라고 말한 오영수. 그의 소설에는 추악한 생들이 사회를 흐려놓는 그런 세계가 거의 없다. 오히려 그는 분노가 가득한 사람들이 고운 마음으로 변화하게 하는, 그런 마력을 가지고 있다. 오영수의 작품 〈은냇골 이야기〉에서는, 인간들이 어떤 극한 상황 속으로 밀어 넣어진 경우에도, 잔인함과 보복 대신 사랑과 용서로 용해하는 힘을 발휘한다. 그리고 작품 〈여우〉의 인물인 성호와 같은 악의 표본에게도 유머러스한 여유를 부여함으로써 가슴에 남게 했다. 사실 성호의 양호원에 대한 기상은 한국적 정치무대의 갖은 협작극에 비하면 그래도 어딘가 치기가 감도는 애교, 즉 교훈을 주기도 했다. 그리고 〈명암〉과 같은 어두운 영창 세계에서도 웃음을 자아내게 하는 유머가 넘쳐난다. 어두운 사회조차 밝게 조명해주는 대화체에서 작가의 정신세계가 더욱 돋보이는, 이렇듯 오영수 작가는 인간 사회를 그가 즐기는 난초처럼 정성스럽게 다듬어서 내놓은 것을 엿볼 수 있다.

오영수 작가의 문학적 특색은 애환의 인생이라고들 하지만, 〈수련〉은 그보다 순화된 작품인 것이 발견된다. 수련은 바다에서 죽고 바다에서 사는 갯마을의 천연에 가까운 희비가 혼재하였으나, 고독과 단절의 사회를 상징한 〈은냇골 이야기〉의 원시적 애환과는 차원이 다르다. 이 작품은 우리에게 여운을 담은 애수를 남겨 준다. 맺어지지 않을 듯 맺어질 듯한 연모의 세계로 독자를 끌어당기는 힘이 있다. 이 세계에서는 연정의 숨결이 그저 잔잔하기만 하다. 관조에 가까운 그 정이 수면의 수련처럼 거의 눈에 뜨이지 않는 잔잔한 물결로 출렁댄다. 조교수 B와 젊은 인텔리 여성이 우연한 기회에 장자늪 뱀못 낚시터에서 인연이 되면서부터 한여름 내내 사랑의 포물선을 그려간다. 그러나 그들의 연심은 너무나 탈속적인 것이기 때문에, 수련의 전설처럼 아련한 추억들이 독자의 마음을 안타깝게 하는 작품이다. 마침내 본의 아니게 정욱이 B에게서 영영 사라지던 날, 이제 그녀가 없는 낚시터는 B에게 애수 어린 추상과 환상만을 남겨 놓는 안타까움이 가슴을 파고들만큼 연민을 느끼게 한다.

또한 〈수련〉과 다른 의미에서 삶의 애환을 그린 작품이라면 〈후조候

鳥〉다. 이 작품을 읽노라면 눈물이 뚝뚝 떨어질 만큼 슬픔이 묻어난다. 그러나 이 작품은 사람들이 삶의 좌절에서 겪는 비애나 혹은 현실의 비정함에서 체험하게 되는 그런 중압적인 슬픔과는 성질이 다르다. 그것은 일상적인 세계를 넘어선 저편에 또 하나의 다른 세계……우리가 오래도록 잃고 있었던 어린 시절에 향토가 있다는 것을 일깨워주는 듯한 그런 슬픔의 그리움이다.

〈후조〉는 눈앞에 펼쳐진 욕망의 세상에 빠져있는 우리를 모정과 같은 아늑한 삶의 골짜기로 인도하는 작품이다. 이 삶의 계곡에는 실리도 타산도 없다. 현실적인 이해관계를 떠난 순박한 인간 교섭에서 우리가 체험하게 되는 것은 무엇인가?

끊임없이 질문할 때 이 물음에 대한 완고한 해답을 〈후조〉가 풀어낸다.

미분화 상태로 있는 애정을 구체적으로 나타내주는 이 소설의 내용은, 구두닦이 소년 구칠이가 중학교 교사 민우에게 품은 눈물겨운 인간의 그리움 바로 그것이다. 그리하여 〈후조〉는 독자를 인간의 소박성으로 환원시킨다. 여기에서 우리는 인위적인 노력이 없는 자연 그대로의 애정과 만난다. 지성이나 논리에 물들지 않은 이 순진무구 앞에서 동정과 그것에 보답코자 남의 구두까지 훔쳐야 했던 구칠이의 순진성이 드러나고, 여기에서 우리는 오영수 문학의 단면도를 보게 된다.

언어의 수채화를 기조로 삼은 오영수는 격동하는 현실의 밖에서 리리시즘을 읊조리며 피안의 환상에 사로잡힌 작가라는 비난을 가끔 받았다. 그래서 그는 이렇게 말했다.

"내가 보는 현실 도피는 바로 사대事大다. 어떤 외래 사조나 경향에 자신을 합리화 내지 편승해 버리는 것이다. 말하자면 주체성의 상실 내지 포기다. 작가의 현실이란 현실과 타협할 수 없는 데서부터 비롯된다. 타협할 수 없기에 하나의 세계를 설정한다. 그것은 이상이라고 해도 좋고 꿈이라고 해도 좋다."

이론엔 빈약할지 모르나, 작가 오영수의 신념을 잘 나타낸 글이다. 그가 말하는 이상이나 꿈은 어떤 거창하거나 웅대한 세계로의 지향을 의미하는 것이 아니라, 반대로 인간의 가장 소박한 원초성을 뜻한다.

살벌하고 물질적인 예속에 허덕이는 사회에서 내내 시달림을 받는 선의의 패배적인 인간 군상이 어쩔 수 없이 갈망하게 되는 모정과 같은 풍토, 그것이 오영수 문학의 토양이며 환상이다. 그래서 그는 애정을 가지고 사회 변방으로 밀려난 서민층을 즐겨 다룬다.

그의 작중 인물들은 애증의 파문을 크게 일으키는 일이 별로 없다. 감정도 행동도 저력이 박약하다. 이런 점이 그의 문학에 있어 약점이라고 평가받는다면 아마 이런 이유일 것이다. 그러나 그의 작품들은 언어의 수채화이며, 그것이 한국적 리리시즘의 세계이다.

오영수 **단편소설 순례**(2) 박학도 편

  이 작품의 줄거리를 대충 훑어보면, 박학도는 한 때 부잣집 아들이었으나 난봉꾼인 그의 형이 가산을 탕진하여 결국은 생활의 균형이 파괴된 실직자이다. 하지만 그는 자신의 삶을 개척해 보려고 갖은 시도를 다한다. 돌림판, 페인트칠, 경찰 수사계 앞잡이 노릇, 이렇게 그는 닥치는 대로 일거리를 찾지만 결국은 모든 것에 실패하고 그의 아내마저 그를 배신하고 떠나 버린다. 그런 가운데서도 '학도 앙이고, 봉도 앙이고, 강산 두루미라는 기다.' 라거나, 번번이 실패하면서도 '엉망진창이다.' 라는 한 마디로 일축해 버리는 낙천성을 가지고 있다. 하지만 이러한 '박학도'의 낙천성은 그 본래의 의미와는 이질적이다. 즉, 그것은 패배의 상처에 아파하는 자조적 의미의 의식표명이다. 박학도를 단적으로 말하면 소시민의 영락을 상징한 작품이다. 이 작품의 진행은 〈여우〉의 경우와 같이 두 인물이 주동적인 것을 볼 수 있다. 그러나 〈여우〉에 있어서는 두 인물이 선·악의 대립으로 되어 있으나 〈박학도〉에 있어서는 인텔리이며 생활이 안정된 장철은 회고하며 동정하는 관찰자의 입장이요, 생활의 균형을 잃은 박학도는 그 대상적 존재이다. 이 단편의 모티브는 제목 그대로 박학도이다.

  그런데 직업적인 인간은 엄밀한 의미에서 사회 메커니즘의 한 속성에 불과하다는 실존적 해석을 우리가 액면대로 믿는다고 하면, 그 반대로 박학도의 존재는 인간의 본래성의 환원이어야 했을 것이다. 일상적인 생활의 안일에서 탈피하여, 인간이 인간이어야 하는 근원적 본질, 즉 불안에로의 귀환을 의미한다. 인간은 비본래적인 현존재의 분망으로부터 벗어나서 실존의 본래성을 되찾을 때 불안을 겪는다. 불안은 결코 인간의 밖에서 엄습하여 오는 단순한 우연이 아니고, 현존재의 근저에 있는 근원적인 것으로서 맞는 불안이다. 이것은 인간 자신의 본질에 속하여 있기 때문이다. 그러므로 시인 릴케처럼 불안을 '참아 나가는 것, 버티고 나가는 것, 그리하여 그것을 이겨 나가는 것' 이 인간에게 요구되는 참다운 과제인 것이다. 그러나 학도는 그러한 성찰적인 의식과는 엄청난 거리 밖에 있는 또 하나의 영점의 존재이다. 그는 밖에서부터 닥쳐오는 불안, 즉 운명에 그저 희롱당하고 있다. 그는 사고를 누빌 만한 지성이 없을뿐더러 그날의 식생활조차 보장되어 있지 않다. 그는 자기가 왜 이같이 인간 이하의 존재로 전락하게 되었느냐고 스스로 따져보는 일조차 없다. 그저 '엉망진창이다!' 는 '헤! 제에기, 사면초가네!' 와 맞닿는 표현의 극치요, 생활이 허점에서 회전함을 의미하는 것이다. 그러므로 존재의 허무를 꿰뚫는 자성의 여유와 남아도는 시간의 사치가 있을 까닭이 없다. 그에게는 과거이고 현재이고 미래이고 간에 그것을 구분할 것조차 없는 초라한 시간이 누적되어 갈 따름이다.

 그런데도 학도는 삶을 포기하지 않는다. 눈앞에 엄존하고 있는 이 불모지대에서 탈출할 돌파구를 찾고자 필사적인 몸부림을 친다. 즉 손에

닥치는 대로 일거리에 달려드는 삶의 밑바닥을 굴러다닌다. 그러나 매사가 실패의 연속이다. '이렇듯 그는 모두가 실패야, 앞으로도 그럴 게야.' 오영수는 장철의 입을 통하여 이같이 덧붙여 말하고 있다. '앞으로도 그럴 게야' 는 말하자면 한 인간의 삶의 종말을 예고하는 듯한 함축성이 있는 이야기인 것이다. 그러나 학도는 끝내 삶에의 지향을 포기하는 일이 없다. 비록 양갈보가 된 아내가 배신하고 흑인 병사를 따라 인천으로 가버린 뒤, 그가 아내를 찾고자 아이를 × 이런 식으로 해업고 어느 외인부대 철조망 안을 기웃거리고 있을지언정, 학도의 삶에 대한 그 억센 집착력은 자신의 불행을 불행으로 인식하지 못하는 낙천적인 성격 때문일까? 세상에는 낙천적인 성격 때문에 삶의 실추를 쓴웃음으로 지워버리는 사람들이 있다. 학도는 시종 패배를 등에 지고 다니는 사이이지만 언제나 누런 이빨을 보이며 씨익 웃는다. 그러며 버릇처럼 '엉망진창이다!' 라고 한다. 이러한 직선적인 성격 때문에 그가 까뮈의 이른바, 인생에 패배했다는 것을 고백하는 행위, 즉 죽음의 장난에 몸을 내맡기지 않는 것일까? 우리는 그렇다고 단정할 수 없다. 왜냐면 학도의 낙천성은 본래적인 것과는 이질적인 것이기 때문이다. 즉 그것은 생활 빙섬에서 뒹굴고 있는 병든 의식이 가지는 자조적은 의미이다. '헤! 엉망진창이다. 그리고 씨~익 웃는 웃음이 여느 때와는 다른 자조적인 그런 웃음이었다.' 학도가 여러 가지의 신세를 끼친 뒤에, 장철에게서 돈 천 환을 얻어 기자고 마지막으로 헤어질 때 이 웃음에서 우리는 그의 낙천성의 의미를 파악할 수 있는 것이다. 즉 그의 웃음의 저변은 바로 허탈 감정이다. 그리고 우리는 학도를 한 개인으로 간주하기보다, 차라리 우리 사회의 한 계층 즉 서민층을 상징하고 있는 것으로 봐야 옳다. 사실 파리 떼처럼 너절한 생활에 달라붙고 있는 한국의 서민 군상을 우리는 학도에게서 보는 것이다. 이러한 생활에서 의의를 찾을 수 있는가라는 부조리의 추론을 내세우기에 앞서, 그나마 주어진 이 파괴된 삶에서조차 퇴락하지 않으려고 안간힘을 쓰고 있는 것이 박학도요, 우리네 서민 군상인 것이다. 천대와 그리고 절망을 반추하면서, 인간 이하의 삶이 악착같이 달라붙는 교착성, 이것이 한국적인 서민성이요, 학도의 삶의 본성이다. 그 이상의 의미는 없다. 죽음까지도 한계 밖의 일이다.

오영수 **단편소설 순례**(3) 후일담 편

〈후일담〉은 전쟁을 배경으로 한 이념논쟁의 비정한 세계를 진상 규명한 작품이라 볼 수 있다. 이 소설은 제주 4.3 항쟁 당시 진압군대였던 모 연대 박 중위로부터 펼쳐진다. 고지대로의 돌격, 대화는 끊어지고 총성과 동물적인 목소리들만이 단음절로 연발될 뿐이다. 적탄에 의해 하나둘 전우가 쓰러진다. 그들을 구해야겠다는 전우애로 동결하면서, 인간이 가져야 하는 생명의 존귀함 따위는 금물이다. 오로지 냉정과 응시와 야수성만이 존재 이유일 뿐이다. 자신이 발사한 총알에 적이 연달아 쓰러져 죽어갈 때 흥분과 통쾌감으로 인간의 존엄성을 생각지 못할 그 순간일 것이다. 단지 이념의 갈등으로 인간의 생명을 한낱 돌조각이거나 나무토막으로밖에 느껴지지 않는 이 비정, 그러나 전쟁터에선 어쩔 수 없는 현실이다. 역전의 용사 박 중위는 사선의 구릉을 수차례 넘어왔기 때문에 인간의 죽음에 대해 거의 무감각이다. 또한, 자기가 쏴 죽인 인간들의 넋에 대한 회오도 가책도 없는 괴물로 변해간다. 이를테면 감정의 진폭이 없다는 말이다. 그러나 박 중위도 이성을 가진 인간이라 죽을 때까지 그를 괴롭힐 업보로 평생 고통으로 살게 될 것이다. 그것은 살육이 바로 정의이며 도의가 될 수 있는 그런 역설이 가능한 싸움터에서의 일이 아니다. 전장 밖에서 전쟁이라는 전제하에 한 여인이 부역했다는 엉뚱한 누명을 쓰고 처형당한, 이 슬픈 운명은 현실에서 있을 수 있는 한 제물이다. 반도叛徒들이 득실거리는 제주도 어느 마을에서 한밤중에 반도들로부터 옷과 식량을 약탈당하고 난 다음날, 여인은 반도들과 내통했다는 죄명으로 남편과 함께 경찰에 붙잡혀갔다. 인간적인 가치와 변명이 통하지 않는 이 부조리의 유곡에서 여인이 아무리 진실을 말해도 소용없었다. 여인은 모진 매와 치욕의 여러 날을 보낸 다음 유치장에서 풀려났지만, 남편의 행방은 알 수 없었다. 그 후 반란이 일어나 그녀는 다시 끌려가서 여러 사람과 함께 도두리 터에서 무더기 죽임을 당하는데, 그때였다. 여인의 '머릿속에서 무엇이 훌훌 빠져나는 것 같았다.' 이것은 생명의 단절을 눈앞에 의식하고 있는 여인의 기분이다. 이윽고 총성과 더불어 몸뚱어리들이 구덩이 속으로 굴러떨어진다. 그것들은 의미 없는 물체일 따름이다. 그러나 구사일생으로 빠져나온 여인은 피투성이가 되어 집으로 돌아와 마룻장 밑 광 속에 숨어 시어머니만 아는 비밀로 나날을 보낸다.

박 중위는 빛이 차단된 곳에서 해골이나 다름없이 살고 있다는 여인의 소식을 듣고, 한 양민으로서 다시금 복권해주느라 물리적인 미묘한 방법을 선택한다. 경찰에게 군의 물리적인 미묘한 압력은 결국 비극의 화근을 만들었다. 그 여인은 결국 돌덩이에 매달려 바다에 수장되고 말았다.

박 중위가 군기창으로 전속되어 제주도를 떠난 지 오 개월 후 6.25가 터졌다. 전세가 불리하여 군기창이 제주도로 소개疏概하게 된다. 부대가 제주도에 닿자 박 중위는 재회의 기쁨을 안고 여인네 집에 찾아간다. 그러나 그녀는 이미 경찰의 손에 의해 바다의 사신死神이 된 뒤였다. 이 여인은 아무 잘못이 없었으나 국가의 폭력에 저항할 수 없었다. 국가의 편의에 의해 생사의 기로에 섰던 양민들은 국가에 대한 이념도 사상도 없는 불쌍한 사람일 뿐이다.

'박 중위는 사람의 목숨이 한낱 나무토막으로밖에 여겨지지 않았던 이 참사의 전말을 듣고 난 순간, 가슴 한복판이 시커먼 구멍으로 뚫리는 것 같은 공허감으로 괴로워하던 중 복수의 감정이 충격적으로 발작한다. 그는 큰일을 저지를 것을 얘기하면서 행동을 개시한다.'

국가 편의에 의해 무참히 살해당한 그들에겐 저항도 합법적인 국가 절차도 무시되었다. 저자가 하고 싶은 말은 '인간의 존엄성은 어떠한 경우에도 지켜져야 한다' 는, 조용히 국가를 향해 저항의 깃발을 드는 작가의 마음을 엿볼 수 있다.

오영수 **단편소설 순례(4)** 엿들은 대화 편

오영수의 문학에서 보기 드문 고발정신과 현실 비판적인 작품 중의 한 편이 〈엿들은 대화〉다. 우리 사회상의 추악한 일들을 가축 꼬꼬와 누렁이의 입을 통해서 그대로 폭로하고자 한 풍자소설이다.

작품의 내용을 옮겨본다.

주인은 어젯밤에도 들어오지 않았다. 일은 아무래도 심상찮게 되나 부다. 주인마님은 아침 일찍부터 서둘러 나가는 것을 보아 어디 또 점쟁이라도 찾아간 모양이다. 어떻게 될까? 이 집안 꼴이 장차 어떻게 된담…… 에라 모르겠다. 잠이나 자자. '병아리요, 햇병아리' 골목을 지나가는 병아리 행상의 외치는 소리에 누렁이는 그래도 귀를 세우고 반눈을 떠본다. 병아리라니 문득 뒤란 닭장이 궁금하다. 집안이 뒤숭숭하고 경황이 없어 꼭 열흘 동안이나 가보지 못했다. 이 닭장에는 뉴햄프셔와 레그혼의 튀기가 네 마리 있다. 원래가 개와 닭은 그리 좋은 사이가 아니다. 그러나 누렁이는 한집안에 같이 사는 처지로서 뭐 그리 아옹다옹할 게 있냐 싶어 되도록 너그럽게 대해 왔다. 그러나 그렇다고 해서 닭이 쉽사리 경계를 거둬버리지는 않겠지만 그런대로 요즈막에 와서는 제법 말상대도 되고 서로 통사정도 한다. "어떻게 먹이는 제때제때 잘 들어와요?" "허,

제때가 다 뭡니까!" "아니 왜……?" "생각나면 넣어 주고 잊어버리면 종일 가도 물 한 모금 안 들어오니 이래서야 어디 원……." "그럼 알도 안 꺼내가?" "먹이를 고르게 얻어먹지 못하고 보니 알인들 어디 제대로……." "그럴 거여." "알도 탐이 나고 고기도 대견하면서도 먹이는 내몰라 라면 이거 어디 인간들, 아니 주인이랍시고 믿고 살겠소." "누가 아니라오." "허나 꼬꼬 씨, 진정하시오. 더럽고 따분한 신세로 말하면 어디 비단 꼬꼬 씨뿐이겠소. 우리 견족도 마찬가지오. 버리는 찌꺼기나 얻어먹고도 밤잠을 모르고 도둑을 지켜 충성을 다하다가 결국엔 보신탕 감으로 끌려가기가 고작인걸." "에잇, 꼭 망하고야 말 놈의 세상……." "나는 그렇다 치고라도 누렁 씨는 요즘 왜 통 짖지 않소. 어디 홍역이라도 앓았소?" "그렇게 됐소. 세상 되어가는 꼬락서니를 보아하니 뭐 짖고 어쩌고 할……." "우리는 장 속에 갇혀 잘 모르오만 도대체 이놈의 세상이 어떻게 돌아가는 판국이오?" "말 마오. 세상은 온통 도둑놈 판이오!" "허……." "온 세상이 도둑놈 판인데 내가 그걸 일일이 다 짖어대다간 이 울대가 글쎄 하룬들 배겨나겠소. 그래서 숫제 안 짖기로 했소. 어쩌다가 가물에 콩 나듯이 양심 바른 사람이 보이면 경의를 표하는 뜻에서 한두 빈 짖이줄 뿐이오." "기이코 망하는 세상이로군." "이왕 말이 났으니 말이지만, 내가 정말이지 내 양심대로 한다면 이 집 주인부터 목이 터지도록 짖어대고 물어 뜯어야 할 거요." "아니, 주인을……?" "이거 큰 소리로 떠들 건 못 되오만 이 집주인 말이오, 지금 공무원 무슨 부정사건으로 묶여 있지만, 알고 보면 예사 도둑이 아니오." "아니, 그게 정말이오?"

"꼬꼬 씨, 생각을 해보오. 아무리 높은 자리라고는 하더라도 월급이 빤한데, 어떻게 무슨 재주로 아들 둘 다 미국으로 보내고, 식모 침모 쯤이야 까짓 뭐 별거 아니지만, 둘째 딸과 꼬마둥이 한 달 학비와 용돈만도 주인 월급만치나 잇대 나갈 수 있겠소. 게다가 기껏해야 여름 두어 달밖에 안 쓰는 전기냉장고가 둘, 얼마 전에는 또 세탁기까지 들여놓고…… 암튼 요즘 노다지는 광산에 있는 게 아니고 바로 높은 자리가…….""그래서 ……? 하던 얘기나 계속하오.""뭐 별…… 내가 이 집에 온 지도 그럭저럭 사 년째 드는데, 난 실상 첨부터 이 집주인이 좀 수상쩍기도 했지만, 지난가을 어느 날 밤이었소. 밤을 지키다가 안방에서 새어나오는 주인 내외의 이야기를 들은 적이 있소. '그런 자리가 어디 그리…… 언제 어떻게 될지 누가…… 만일의 경우…… 그러니까…… 조처…… 딴 이름으로 해서 XX은행에' 토막토막이지만 대강의 짐작은 가잖소. 허기야 뭐, 떡 천만 원어치를 김칫국도 안 마시고 냉큼 삼켜 버리는 떡보 나으리도 있긴 하더라만, 난 그때부터 어떤 불길한 예감이 있었소만 아니나 다를까 이번에 그만 덜컥…….""그러니까 집안 꼴도 말이 아니겠군. 주인마님은 뭘 하오? 통 그림자도 볼 수 없으니…….""계도 뒷전이고 안절부절, 절간에 가서 기도 아니면 점쟁이를 찾아다니기 바쁘고…….""하긴…….""그뿐이 아니오. 내가 더욱 못마땅한 것은 기어코 담장에다 가시망을 거미줄처럼 둘러버린 거요. 내가 그러하니 네들도 그러려니, 아니면 나는 그렇더라도 네들은 그럴 수 없다는 건지는 모르겠으나, 나로서 말하자면 도둑을 지키는 것이 본령인 나까지 의심 또는 불신이 아니겠소. 허기야 나 역시 주인을 믿지 않고 도둑에 대한 관심마저 없어진 지 오래긴 하지만서두……."
"요전번에 꼬마둥이를 따라 뒷동네를 지나다가 마침 전부터 잘 아는 자빠뿔이(뿔이 뒤로 자빠진소)를 만났지. 몇 달 동안에 많이 늙었더군. 그때 자빠뿔의 말도 역시 꼬꼬 씨와 같은 말을 하더군." "뭐라고?" "일찍이 부처는 살생을 큰 죄악으로 타일렀거니…… 휴우, 어디 그뿐인가. 가죽은 칠피로 다뤄 신발로, 뼈다귀는 맑은 물이 나도록 고아먹다 종내는 그 뼈다귀마저 빻아서 아교를 끓여버리니 이 세상에서 인간들을 위해 우리만치 철저한 봉사와 희생이 또 어디 있겠는가. 안 그런가, 누렁이?" "여부가 없겠죠." "그러나, 인종忍從을 미덕으로 철저한 봉사와 희생으로만 살아온 조상들의 체면을 생각해서 이렇게 고식이 엄엄하네만…… 생각할수록 인간들의 포악 잔인하고 이기적이란 것 비단 우리들한테만 한한 것이 아니고 저들끼리도 마구 살육 강탈인 걸요, 뭐." "그러고도 걸핏하면 쇠새끼니 개자식이니……." "인젠 우리에게 인간 족보까지 팔아먹을 셈이죠." "그따위 욕된 족보를 누가 받아주겠담, 어림도 없는 수작이지." "근데 우리는 소 이하도 개 이상도 못되지만, 인간들은 인간들끼리 소도 되고 개 이하도 얼마든지 되나 부지요." "한심한 일이지. 한심한 일이야. 그러나저러나 복날이 다가오는데 누렁이 너무 쏴 다니지 말고 조심하게나." "더럽고 아니꼬운 세상, 구질구질하게 더 살고 싶지도 않소." "하긴 나도 그래. 그저 개는 개답게, 소는 소답게 살다가 가는 거지. 저 세상에서야 설마……." "올해에는, 어떻게 흉한 돌림병이라도 있어야 하겠는데…… 누렁이 난 말야, 단 한 가지 소원이 있다면 돌림병으로 한 사나흘 앓다가 가는 거야. 돌림병에 죽은 담에야 설마하니 묻어주지 않겠는가." "허, 아저씨도 참…… 글쎄 생각 좀 해봐요. 약과식품까지도 가짜를 만들어 버젓이 팔아먹는 인간들이 글쎄 돌림병에 죽은 고기라고 해서 묻어버릴 성싶소? 참 어림 반 푼 어치도 없는 말씀이오." "어허, 하늘이 무심한지고……." "아저씨 그만 가봐야겠어요. 꼬마 주인이 찾고 있는데." "그럼 잘 가 누렁이. 나도 인제 또 멍에를 걸어야겠어!"

〈엿들은 대화〉의 소설에 등장하는 가축들의 입을 통해 부富의 현혹이 인간성을 추방하는 현장을 정감과 유머를 섞어가면서 완곡하게 찌르는 그의 대표작 중의 하나다.

오영수는 전형적 단편 작가로서 2백여 편의 단편을 남겼는데, 그의 작품은 주로 한국적인 절박한 리리시즘을 기조로 하고 있다.

그의 작품 세계는 서민층에게 애정을 가지고 즐겨 다룬 것이 대부분이다. 읽기 쉬운 맑은 문체와 서정적인 흥취, 그리고 소시민적인 따뜻한 정감이 특색이며, 각박하고 생기 없는 현실 속에 온화한 인정의 입김을 불어 넣어 애환의 인생을 그려내는 것이 이 작가의 문학적 지론이다. '오직 참되고 아름다운 것은 시간과 국경과 민족을 초월한다. 즉 인류 보편적 감동, 이것이 곧 예술의 세계성.'이라고 말하는 오영수의 소설은 독자의 분노를 미소로, 못된 마음을 착한 마음으로 용해시키는 마력을 가지고 있다.

아문센(Rona Amundsen, 1872~1928)

아문센 **아문센 탐험기** -자서전 편

아문센은 노르웨이 브로게에서 선원의 아들로 태어났다.

소년기부터 북극 탐험을 꿈꾸어 왔던 그는 대학에서 의학을 공부했지만, 1895년 1등항해사의 자격을 취득하게 되었다.

북극 탐험을 위해서는 배로 항해를 해야 하는데, 탐험대의 대장이 언제나 배의 선장은 아니었다. 그러므로 한번 해상으로 출범했다 하면 탐험대는 두 사람의 대장 아래 놓이게 되는 것이다.

그 결과 탐험대 대장과 선장 사이에는 책임이 나뉘었으므로 서로의 마찰이 끊임없이 일어났고, 이런 현상은 이를 따르는 대원들의 사기를 저하시켰다. 그들이 취할 입장을 매우 난처하게 만들었기 때문이다. 아문센은 이런 결함을 해결하기 전까지는 탐험대를 인솔하지 않을 것이라 결심했다. 그래서 이를 위해 자신이 선장의 경험을 쌓아서 실지로 선장 자격을 취득하게 된 것이다. 그리하여 1897년부터 1899년에 벨기에의 남극 탐험대에 참가하게 되었다. 그 후 난센의 조언을 얻어 북자극北磁極 및 북서 항로의 탐험을 계획하여 1901년 그린란드 해양조사를 하였다.

아문센은 북서 항로의 개통을 성취하겠다는 야심을 갖고 1900년에 북서 항로탐험을 위한 준비에 들어갔다. 1903년에 그린란드의 서해안에 있는 디스코 섬의 고드하운에서 기항한 이후 베링해협을 거쳐 1905년에 북서 항로를 완항하였다.

1903년부터 3년에 걸친 기간에는 소형선박 이의아호를 타고 대서양에서 북극해를 거쳐 태평양에 이르는 북서항로 항행에 사상 처음으로 성공하여 북자극의 위치를 확인하였다. 1909년 미국인 R·E. 피어리가 북극점에 도달한 사실을 알고서 남극으로 탐험 목표를 바꾸어 1910년 프람 호로 남극 탐험을 떠났다. 그는 로스해 대빙벽에 기지를 설치한 지 55일 만에 남극점에 도달하여 영국의 스콧 일행보다 35일 앞선 성공을 거두었다.

남북 양 극지에 길을 열고 북동항로와 북서항로에 빛나는 탐험을 거듭한 아문센은 20세기 초의 탐험가로 인류의 가능성을 자신의 몸으로써 보여준 거대한 인물이다.

모든 미개인에게 있어서 문명 개화한 백인은 곧 신의 속성을 지닌 자들로 받아들여진다. 이스키모 부족들도 마찬가지로 백인이 지니고 있는 무기나 과학의 산물인 여러 도구가 신비스럽게 생각되고 그로 인해 백인들을 경외하게 되는 것이다. 아문센 자신도 6명밖에 되지 않는 대원을 이끌고 수백 명의 이스키모 사이에서 안전하게 생활할 수 있었던 것은 원주민들의 백인에 대한 미신적인 의경 때문이라고 지적하고 있다.

아문센은 극지 탐험에서 개의 중요성을 강조한다. 개는 빙설 위에서 짐을 끌 수 있는 유일한 동물이며 빠르고 강하고 또한 촉각이 뛰어나 사람이 지낼 수 있는 장소를 알아낼 수 있는 민감한 성능을 가지고 있다고 지적한다. 그리고 개는 먹을 식량이 다 떨어졌을 경우 식량 대용으로도 사용할 수 있다고 말한다. 반면에 스콧은 남극 탐험에 개 대신 빙설 상에서는 아무런 소용도 없는 동력 썰매와 말을 끌고 왔고, 아문센은 이것이 스콧의 운명에 쐐기를 박은 치명적인 잘못이라고 지적하고 있다.

아문센은 1차 세계대전이라는 시대적 상황을 이용해 탐험 자금을 마련하였다. 전쟁에서 연합군이 승리하기 위해서는 배가가 결정적인 역할을 하는 것이며, 이 때문에 노르웨이의 우수한 상선을 엄청난 값을 호가했다. 아문센은 자신이 지녔던 소자본을 모두 배에다 투자하였고, 이 투자는 적중하여 탐험에 충분한 돈을 벌 수 있었다.

아문센은 자신의 북빙양 횡단이 다만 모험을 해서가 아니라 과학적이고 지리학적인 연구를 위해서라고 말한다. 수륙을 불문하고 지구 표면에서 미탐험지인 채로 남겨져 있는 가장 넓은 큰 지방은 알래스카의 북해안에서 북극을 지나 북부 유럽에 이르는 해역이며 이 해역을 탐험하는 것은 학문적 중요성이 있다고 지적한다. 극지방은 온대 기후를 만드는 곳으로 이 주변에서 움직이는 대지의 흐름은 뉴욕이나 파리의 일기와 온도에 영향을 미치므로 이 극지방의 지리와 기상에 대한 지식은 대기의 환류 기원을 이해하는 자료로서 학자들에겐 지극히 중요하다는 것이다.

아문센은 지적한다. 난센은 최초로 북극 탐험에 성공했다는 것 이외에도 그가 고안한 새로운 수송방식이 혁명적이었다, 라고. 난센은 북방에서의 수송방식으로서 개와 가벼운 썰매의 가치를 인식하고 이제까지의 모든 탐험가가 이용한 무거운 썰매를 버리고, 그 대신 훨씬 가볍고 강도가 크게끔 디자인하여 썰매를 만들었다. 이러한 난센의 업적이 아니었으면 아문센 자신도 남극 탐험에 성공하지 못했을 것이라고 말한다.

아문센은 일반인들이 흔히 혼돈하는 탐험과 모험의 개념을 비교시켜 정의를 내린다. 모험은 일종의 스릴을 맛보기 위한 활동이지만, 탐험은 스릴을 맛보는 것이 목적이 아니라 아직도 인류가 알지 못하고 있는 것에 대하여 진실을 탐구하려는 것이라고 말하고 있다.

아문센은 최초로 북빙양을 비행정으로 탐험하였다. 그리고 1909년 극지방을 하늘에서부터 지리적으로 정찰하기 위한 계획을 수립하여 1926년 북극을 통과하여 대륙에서 대륙으로의 비행에 성공하였다. 북빙양은 현재 정치·경제적으로 많은 가치가 있는 곳이며 이곳을 통과하는 정기 비행항로가 개통될 수 있었던 것도 아문센의 비행탐험 덕분이라고 할 수 있다.

1920년에는 마우드 호를 타고 북동항로 항행에 성공하였고, 1925년에는 엘즈워스와 함께 비행정에 의한 북극 비행을 시도했으나 실패하고 말았다. 1926년에 다시 엘즈워스 및 노빌레와 함께 비행선 노르게 호로 스피츠 베르겐으로부터 알래스카의 테러까지 북극점 상공을 통과, 횡단 비행에 성공하였다. 1928년 노빌레 일행의 북극 탐험대가 행방불명되었다는 소식을 듣고 구출하기 위해 비행정으로 포름세 기지를 출발하였으나 돌아오지 못하고 조난사遭難死하였다.

북빙양의 의미와 그 경제적·군사적 가치는 일찍이 아문센이 여기에 도전하여 악전고투하던 시절에 비해 월등하게 그 중요성이 인정되고 있는 것이 현 정세이다. 그리고 오늘날에는 북극 상공을 통과하는 정기 항로가 개통되어, 아문센 일행이 72시간의 결사적인 고토로 열어놓은 이 공로로 나날이 많은 여행객이 따뜻한 의자에 파묻혀 앉아 단꿈을 꾸면서 그곳을 넘나들 수 있게 되었다. 이런 것을 비교하여 생각해 볼 때 이 위대한 인간의 업적이 과연 얼마나 큰 것인가를 넉넉히 짐작하고도 남음이 있으리라.

아문센은 이 책에서 남극 도달 행진이 얼마나 합리적으로 행하여졌던가를 설명했고, 또한 얼마나 그 정밀한 예비조사가 성공의 소인을 이루는가에 대해 역설했다. 탐험가의 식량을 날라 준 개들이 스스로의 목숨을 바쳤으므로 나무랄지도 모른다. 그러나 미답지의 유혹에 이끌려 숙설과 항빙의 엄숙한 세계에 파고들려는 자기의 군센 의지의 완수를 위한 이 외곬의 정영이야말로 그것을 또한 탐험가의 자랑이 아니겠는가. 그는 뒷장에서 탐험이란 어떤 것인가! 탐험가의 자세는 어떠해야 하는가에 대하여 심혈을 기울여 역설하고 있다. 근년에 이르러서는 히말라야 등반이라든가 극지 활동에서 많은 탐험가의 이야기가 소개되었다. 그리고 그 나름의 각자 개성 있는 표현들이 전해지고 있다. 그러나 아문센만큼 전 생애를 오직 극지 탐험에 바친 사람은 드물다. 그의 신념에 찬 생애에서 우리는 실로 배울 바가 많은 것이다.

　이 책을 통해 아문센은 강렬한 성격의 소유자였다. 그는 북빙양의 횡단 탐험을 끝마친 다음, 세계 각지를 돌아다니며 강연 여행을 했다. 그를 본 사람들은 모두 동일하게 말했다. 훤칠한 키에 늠름하고 우뚝 선 콧날과 빛나는 눈동자, 그리고 진한 눈썹에서 느끼는 중후성 가운데, 진실로 극지의 빙설에서 단련되고 다듬어진 곤고의 모습이 가지가지로 아로새겨져 있음을 느꼈을 것이다. 그리고 높은 금속성의 목소리가 사람들의 귀를 찌르며 이상한 감동을 불러일으킴도 들었을 것이다.

　그는 긴 탐험 생활 가운데서 갖가지 어려움에 부딪혔다. 그러나 그것은 탐험의 현장에서보다도 속세에서의 사건들이 많았다. 이는 은연중에 그 성격의 강직함에서 기인했으리라고 짐작되지만 한편 탐험가는 탐험의 장에서보다 오히려 문화 세계의 속세 따위에서 더 심신이 깎이는 아픔을 치러야 한다는 것을 보여주는 일면도 있다. 그 어려움 중에서도 그가 가장 비통하게 생각한 것은 최후의 탐험가로서 최초의 출발에 즈음하여 대장과 선장과의 관계가 중대함을 깨닫고 먼저 선장의 자격을 취득하는 길을 스스로 선택했던 그것이다. 그런데 세상이 항공 시대로 접어들자 이미 그의 경력은 적용되지 않게 되었다. 그리히여 이탈리이 인을 고용하게 된 결과 마침내 그가 우려했던 그 함정에 스스로가 빠져 버렸다.

　이 자서전은 노빌레와의 알력을 공표하기 위해서 쓴 것이라 해도 좋다. 실지로 노빌레는 일본에까지 아문센에 한발 앞서 강연 여행을 갔을 정도이다. 그러니 아문센의 강렬한 성격으로서 그 분노가 얼마나 격렬했을까 하는 것은 짐작하고도 남음이 있다. 그러나 이 번역에서는 그렇게까지 할 수 있을까 하고 의심쩍은 곳은 몇 군데 생략했다.

아문센은 이 횡단 비행으로 탐험가로서의 활동을 끝마쳤다. 오직 여생을 자신에 관한 행적의 정리와 저작에만 몰두하여 생활할 생각이었다. 그런데 1928년에 노빌레가 자신의 역량도 가늠하지 못한 채 스스로 대장이 되어 항공선 이탈리아호로 북극 탐험을 기도하여 스치츠베르겐 북방의 바다에 추락한 사고가 일어났다. 이 구조 작업에는 유럽 각국에서 쇄빙선 비행기 등이 출동했다. 그리하여 전 세계의 이목이 집중되었으나 좀처럼 그 소재가 밝혀지지 않은 채 1개월이 지나자 아문센은 프랑스의 기르보 소령의 비행정을 타고 그 수색에 나섰다.

6월 18일, 일찍이 그가 횡단 비행의 기지로 썼던 스피츠베르겐의 킹스만을 출발한 후 마침내 아문센은 영원히 돌아오지 않는 사람이 되고 말았다. 증오하던 옛 지인을 구조하기 위해서 자기 집 뜰처럼 여기던 극해를 날다가 그 빛나는 일생을 마친 것이다. 그러나 노빌레는 그 뒤 스웨덴기에 구조되었다. 그는 상처 입은 대원을 빙상에 남겨둔 채 대장인 자기만이 맨 먼저 구출되었다. 그리하여 그는 그 떳떳하지 못한 행동으로 온 세상의 웃음거리가 되기도 했다.

세계명곡 순례

포트르 일리치 차이콥스키
(Pyotr Ilyich Tchaikovsky, 1840~1893)

포트르 일리치 차이콥스키 안단테 칸타빌레

　러시아의 문호 톨스토이가 이 곡 차이콥스키의 「안단테 칸타빌레」를 듣고 너무나 감격하여 눈물을 흘렸다는 에피소드가 전해지고 있다.

　이제 차이콥스키의 「안단테 칸타빌레」를 소개하고자 한다. 이 곡은 1871년에 작곡이다. 곡의 전체가 슬라브 민족풍의 선율로서 마치 작곡가가 달콤한 커피를 마시며 호수 위를 걷고 있는 그런 느낌의 선율이다. 「안단테 칸타빌레」란 천천히 노래하라는 뜻이다.

　차이콥스키의 현악 4중주곡 제1번의 제2악장 곡에는 작곡가의 외로움과 슬픔도 표현되어 더욱 감동을 준다.

　차이콥스키는 보트킨스크 태생으로 1848년에 부친의 뜻을 따라 법률학교를 졸업 후 법무성의 서기로 근무했으나, 음악에 대한 강한 애착으로 안톤 루빈슈타인에게 사사받았다. 졸업한 뒤인 1864년에는 처음으로 발라키레프를 중심으로 하는 5인조의 사람들과 만나 국민악파의 작곡가로부터 영향을 받으면서도 유럽 음악의 전통을 더 존중하며 러시아 민족적인 것과 서유럽적인 것의 절충적 작품을 고수했다.

　그의 음악 일부분이 서유럽적이라는 말을 듣기도 하지만, 그의 특색 있는 작품들은 낭만적인 표현을 하여 19세기 러시아 최대의 작곡가라 해도 과언이 아니다.

프레데리크 프랑수아 쇼팽
(Fri\yderyk Franciszek Chopin, 1810~1849)

프레데리크 프랑수아 쇼팽 **빗방울 전주곡**

　폴란드의 피아니스트이자 작곡가인 쇼팽은 폴란드의 수도 바르샤에서 태어났다. 그의 아버지는 육군학교에서 프랑스어를 가르친 프랑스인 니콜라스 쇼팽이고, 어머니는 폴란드 귀족 출신이다.
　어린 시절부터 피아노 연주에 두각을 나타낸 그는 바르샤바 음악원 창설자인 엘스너에게 작곡을 지도받았다. 그는 1928년에 아버지의 친구와 함께 베를린으로 갔는데, 그곳에서 더욱 음악 활동에 전념했다.
　'피아노의 시인'이라는 칭호까지 붙여질 만큼 서정적이면서 우울한 감성을 자극하는 다양한 음악을 많이 작곡한 그는, 과거 클래식 음악은 귀족들의 음악으로 종교적인 내용을 많이 담은 곡들이 많았지만, 쇼팽이 음악 활동을 하는 시대부터 피아노 보급이 활발해지면서 다양한 주제의 곡들이 많이 쏟아져 나왔다.
　그는 이방인으로 살면서 자신의 조국 폴란드를 생각하며 민족주의적인 곡 마주르카 즉 빠른 폴란드춤곡과 녹턴, 야상곡 등 조용한 밤의 분위기를 나타낸 서정적인 피아노곡 작품들을 완성해내기도 했다.
　쇼팽보다 6살 연상의 여류소설가 조르주 상드와의 10년간 연인관계도 빼놓을 수 없다.
　폐결핵을 앓고 있는 쇼팽이 마요르카에 요양을 왔을 때, 발데모사 그것도 카르투하 수도원에 머물게 된 이유가 있다. 처음엔 마요르카 팔마에 호텔이 없어 어느 농가에 임시 숙소를 얻었다고 한다. 그러나 그 집에서 그의 건강이 더 악화되었고, 폐병 환자라는 사실을 알게 된 섬사람들은 전염을 우려하여 아무도 방을 빌려주지 않는 것은 물론이고 떠나라는 항의까지 받았다고 한다. 다급히 수소문 끝에 찾아간 곳이 카르투하 수도원이었다.

지중해의 마요르카섬에서 지내던 때의 비오는 어느 날이었다. 조르주 상드가 시내로 약을 사러 간 빈집에서 떨어지는 빗방울을 보고 들으며 만든 작품이 바로 '빗방울 전주곡'이다. D 플랫장조로 1839년 작이다. 이 곡은 24전주곡 가운데 15번째 곡으로서 낙숫물을 묘사한 우울한 표현이 쇼팽의 초조와 권태를 반영하기도 한다.

'빗방울 전주곡'은 힘들고 고뇌했던 카르투하 수도원 시절의 비오는 날 조르주 상드 없이 홀로 있던 쇼행이 창가에 떨어지는 규칙적인 빗소리를 듣고 있다가 영감을 받아 즉흥적으로 연주해서 작곡한 거라고 했다.

둘의 러브스토리를 잠시 말씀드리자면 리스트의 소개로 인연이 닿아 10여년 동안 이어졌는데 그 기간동안 소설가인 상드가 극진히 그를 보살펴 주었다고 한다. 1847년 둘은 헤어지게 되었다. 그녀와 결별 후 더더욱 높은 완성의 원숙한 곡들이 쏟아져 세계적인 음악가가 되었다.

그가 파리로 떠나 음악 세계를 펼치게 되는데, 잘생긴 외모와 섬세한 음악성으로 귀부인들에게 흠모의 대상이 되었다고 한다. 하지만 그의 마음은 조국을 향한 그리움으로 살다가 39세의 젊은 나이에 폐결핵으로 사망하게 되면서도 자신의 심장을 조국에 묻어달라고 누이에게 부탁했다고 한다.

폴란드 사람들은 심장에 사람의 영혼이 담겨있다고 믿고 있었기 때문에 그는 자신의 영혼이 조국에서 안식하기를 원했던 것이다. 현재 그의 심장은 바르샤바의 성 십자가 교회에 있다.

요한스트라우스 2세(Johann Baptist Strauss II, 1825~1899)

요한 스트라우스 2세 아름답고 푸른 도나우

　오스트리아 왈츠의 황제인 요한 스트라우스 2세가 작곡한 곡이다. 오스트리아에 흐르는 도나우강을 표현한 곡으로서 요한 스트라우스의 아름다운 선율과 우아한 템포의 음악이며 요한 스트라우스 2세가ㅑ 42세 때 작곡했다. 그의 수많은 왈츠 황제 빈 숲속의 이야기, 봄의 소리 왈츠 등 이 중 으뜸으로 꼽는 곡 중 하나이며 ㅁ배년 1월 1일 오스트리아 빈에서 열리는 신년음악회의 앙코르곡으로도 빠짐없이 연주되고 있는 곡이다. 매년 오스트리아의 사람들은 이 곡에 맞춰 왈츠를 춘다. 그는 왈츠뿐 아니라 폴카, 마주르카 등 오스트리아, 헝가리의 민족색이 강한 음악을 많이 작곡했다. 아름답고 푸르 도나우강은 오케스트라 곡으로도 많이 듣지만 경음악, 현악기, 피아노로도 많이 편곡되어 연주되고 있다. 처음에 조용하고 아름다운 도나우강 입구를 나타내는 것 같은 서절이 전개되고 곡은 흐르는 듯이 아름다운 왈츠로 이어진다. 굽이굽이 흐르는 강의 모습 검푸른 깊은 강물이 소용돌이치는 흐름에 흩날리는 꽃잎, 폭포가 되어 떨어지는 모습, 쉴 새 없이 바뀌는 연안의 풍경, 거기에 비치는 그림자 가락의 변화에 따라 아름다운 풍경들이 음악의 파노라마로 펼쳐져 간다. 아름답고 푸른 도나우가 작곡된 것은 요한 슈트라우스의 명성이 하늘을 찌를 듯한 1860년 대의 일이다. 1866년에 오스트리아는 프로이센과 전쟁을 했는데 불과 7주 만에 패하고 말았다. 독일 통일을 준비한 프로이센의 철혈 재상 비스마르크와 참모총장 몰트케의 탁월한 전략에 오스트리아는 상대가 되지 못했다. 그 패전의 결과 독일 연방 의장국이었던 오스트리아는 독일에 대한 영향력을 완전히 상실하게 되었다. 한때 전 유럽을 호령하던 오스트리아로서는 정말 맥이 빠지는 일이 아닐 수 없었다. 이렇게 패전 후에 우울함을 달래고자, 빈의 남성합창단에서는 쾌활하면서도 애국적인 곡을 공연하기로 하였다. 따라서 당대 최고의 스타 요한 스트라우스 2세에게 작곡을 의뢰하게 된다. 요한 스트라우스도 이에 기꺼이 응했다. 그는 오스트리아의 젖줄 도나우강을 노래한 한 시인 잘 벡Jarl Beck의 시에서 영감을 얻어 이 곡을 작곡했다고 한다.

주세페 포르투니노 프란체스코 베르디,
(Giuseppe Fortunino Francesco Verdi, 1813~1901)

베르디 히브리 노예들의 합창

히브리 노예들의 합창은 베르디의 4막 오페라 〈나부코(느부갓네살)〉 중 제3막에 나오는 음악이다.

오페라 『나부코』는 유대민족의 멸망을 가져왔던 바빌론의 왕 네부카드네자르가 유대를 침공했던 시절의 이야기를 다루고 있다.

성경에 나오는 바벨론 포로에서의 히브리 민족의 종교적 탄압에 하느님을 향한 열정과 애국적인 주제를 표현한 곡이다.

특히 시편 137편은 그때 바벨론 포로로 잡혀갔던 히브리 민족의 애환을 잘 묘사하고 있는 시편이며, 다니엘서는 이것에 대한 역사적 삶을 기술한 것이다.

「히브리 노예들의 합창」은 당시 오스트리아 지배 밑에 있던 이탈리아 국민에게 큰 감동을 줌과 동시에 조국의 독립 염원을 위해 시사하는 바가 컸다.

오랜 분열과 오스트리아의 압제에서 벗어나 통일된 국가를 만들고자 하는 이탈리아 사람들에게 조국애를 일깨우고 활력을 불어 넣은 곡이다.

1842년 이 작품이 초연될 당시 이탈리아인들에게는 작품 속 줄거리가 자신들이 처한 상황을 암시하는 것으로 받아들여져 국민의 애국심을 강하게 자극했다. 이탈리아 통일 운동 때에 거의 이태리 국가처럼 불렸고, 베르디의 장례식에 불린 노래이기도 하다. 일종의 이태리 "국민찬가" 이다.

초연 때 방대한 스케일로 무대를 마음껏 구사하며 유대 왕국 몰락의 역사를 재현한 걸작으로 큰 호평을 받았다.

히브리 노예들의 합창은 당시 오스트리아 압제에 있던 이탈리아 국민의 애국심에 불을 질렀으며, 그 때문에 당국으로부터 공연 금지를 당하기도 했다. 히브리 노예들의 합창은 바빌론에 노예로 잡혀온 유대인들이 유프라테스강가에서 고향에 있는 요르단강을 그리워하며 부르는 노래이다.

가사 내용은 이러하다.

내 마음아, 황금의 날개로 언덕 위에 날아가 앉아라. 훈훈하고 다정한 바람과 향기로운 나의 옛 고향 요단강의 푸르른 언덕과 시온성이 우리를 반겨주네 오 빼앗긴 위대한 내 조국 오 가슴속에 사무치네. 운명의 천사의 하프소리 지금은 어찌하여 잠잠한가. 새로워라, 그 옛날의 추억 지나간 옛일을 말해주오. 흘러간 운명을 되새기며 고통과 슬픔을 물리칠 때 주께서 우리를 사랑하여 굳건한 용기를 주리라.

포로가 된 유대인들과 자신들의 처지가 같다고 생각하며 노예들의 합창을 국가처럼 부르면서 오랜 분열과 오스트리아 지배의 압제에서 벗어나고 싶었고, 조국애를 일깨우는 강한 활력을 불어넣었던 곡이다.

　이 노래는 절망에 빠져있던 이탈리아 국민에게 희망의 날개를 달아주었다. 그리하여 독립과 통일을 바랐던 국민은 작곡자 베르디를 애국적인 우상으로 삼았다고 한다.

　베르디가 이 오페라에 푹 빠지게 된 배경을 간략히 나열한다.
당시의 북이탈리아 사정이 오스트리아의 압제를 물리치고 통일을 이룩하기 위한 전 국민적인 애국운동으로 온통 술렁거리고 있었다는 점이다. 이러한 민족의식과 자유의지에의 열망이 베르디의 오페라 정신을 지배하던 중 「나부코」의 대본을 읽고 완전히 매혹당해 버린 것이다. 이스라엘 민족의 고통과 환난, 그런 중에서도 민족의식과 신앙을 잃지 않고 예루살렘으로 돌아가려는 그들의 강인한 결속력에 베르디 스스로 감동할 수밖에 없었다.

*4막 오페라. 구약성서(예레미야서, 열왕기 하, 다니엘서)에 나오는 영웅 바빌론왕의 이야기다.

안톤 루빈스타인 (Anton Rubinstein, 1829~1894)

안톤 루빈스타인 천사의 꿈

「천사의 꿈」을 작곡한 러시아의 피아니스트 루빈스타인은 독일 낭만파 풍의 작곡가이다.

그는 1862년 러시아에서 최초로 음악교육기관인 페테르부르크음악원을 설립하여 원장으로 취임하였다.

그리고 페테르부르크음악원에서 차이코프스키가 첫 제자의 한 사람으로 배출시키기도 했다. 이 인연으로 차이코프스키는 피아노 삼중주곡 「위대한 예술가의 추억」을 작곡하여 루빈스타인을 추도하는 작품을 남기기도 했다.

대부분 사람은 꿈속에서나 천사를 만났을 것으로 짐작한다. 어릴 적 내가 생각하는 천사는 겨드랑이에 날개가 달려 눈부시도록 하얀 몸으로 자유롭게 날아다니며 좋은 일만 하는 영적인 존재로만 여겼다.

이 곡의 부제로는 〈피아노를 위한 24개의 초상화〉로 되어있는데, 제목의 뜻은 레닌그라드를 흐르는 네바강이 있는 바위섬을 가리킨다. 그곳 피서지가 황실의 소유였으므로 아마도 대공비가 사랑한 곳으로 자주 이곳을 찾지 않았을까 싶다.

러시아의 엘레나 파블로브나 대공 부인을 모시고 있는 24명의 궁녀 중 한 명이 천사로 보여 쓴 작곡가의 마음을 두들겨보기도 한다.

지금까지 클래식 채널에서 「천사의 꿈」 곡을 한 번도 듣지 못했는데, 작은 음악회에 초대되어 갔다가 작품 「천사의 꿈」을 만나게 되어 다행이다. 이후 나는 한가로운 시간마다 이 곡을 들으며 많은 상상의 나래를 편다. 특히 안단테로 시작하는 9개의 음이 많은 사람을 생각나게 하여 좋다. 마음이 어지럽고 복잡한 일을 할 때마다 이 연주를 들으면 위로와 힘을 받을 수 있어 좋다. 마치 흙 속에 묻힌 보석을 발견한 기분이다.

　그런데 음악을 전공한 사람들의 얘기를 들어보면 쉽게 쓰여진 곡이라는 이유로 피아니스트들이 이 곡을 무대에 올려 연주하는 것을 기피한다는 말을 듣고 안타까웠다.

　루빈스타인의 대표곡인 소곡 「멜로디 F 장조」 보다도 은둔하고 있는 곡이 「천사의 꿈」 이라고 하여 놀라지 않을 수 없다.

파블로 데 사라사테(Pablo de Sarasate, 1844~1908)

사라사테 찌고이네르 바이젠

스페인 출신인 사라사테는 바이올리니스트이다. 이탈리아의 파가니니와 폴란드의 비에니아프스키와 더불어 19세기 3대 바이올리니스트인 사라사테는 신체가 왜소하여 손가락이 짧은 것이 단점이었다. 하지만 그의 초인적인 기교와 명기는 듣는 이의 넋을 잃게 한다. 사람들이 신들린 '마귀 팔'이라고 비유할 정도였다. 그는 자신이 연주하기 위하여 바이올린 소품을 많이 작곡했는데, 찌고이네르바이젠은 그의 대표작으로 가장 유명하다. 찌고이네르는 독일어로 '짚시'란 뜻이고, 바이젠은 '가락'이란 뜻이다. 독일에서는 '짚시의 가락'이라는 뜻으로 불린다. 그래서인지, 이 곡을 들을 때마다 짚시들의 캠프에서 달빛 환한 밤에 모닥불을 피워놓고 영원한 보헤미안적인 향수와 무곡을 듣는 그런 기분이다.

전곡은 3부로 나뉘며, 제1부는 모데라토 다단조 4분의 4박자. 서주부에 오케스트라의 힘찬 도입이 있은 다음, 애조에 가득찬 바이올린의 선율이 흘러나온다.

제2부로 들어가면 약음기를 단 바이올린에서 흐르는 달콤한 멜로디가 듣는 이의 마음을 깊숙이 파고들며, 제3부는 이와 반대로 일변하여 정열적인 무곡조가 바이올린의 다채로운 기법으로 펼쳐진다. 그야말로 바

이올린 음악의 정수를 맛보게 해주는 명곡이다. 보헤미안은 사회의 규범이나 습속을 무시하고 자유롭게 살아가는 사람을 이르는 말이다. 그럼, 스페인 출신인 사라사테의 찌고이네르바이젠을 감상하도록 해본다. 그야말로 바이올린 음악의 정수를 맛보게 해주는 명곡이다. 보헤미안은 사회의 규범이나 습속을 무시하고 자유롭게 살아가는 사람을 이르는 말이다.

에드바르 하게루프 그리그
(Edvard Hagerup Grieg, 1843~1907)

에드바르 그리그 솔베이지의 노래

노르웨이 작곡가 에드바르 그리그의 「솔베이지」는 그의 대표작이다.

아리랑이 우리나라를 대표하고, 노예들의 합창이 이탈리아를 대표하듯이, 노르웨이를 대표하는 명곡인 솔베이지 송은 대문호인 그의 친구 입센이 쓴 [페르귄트]란 극에 붙인 음악 중, 솔베이지란 여주인공이 부른 노래다.

주한 노르웨이 대사관에 전화를 걸면 담당자를 연결할 때까지 흐르는 음악이 있다고 하는데, 그 음악이 바로 「솔베이지의 노래」라고 한다.

[페르귄트] 극의 줄거리를 잠시 간추려 보면, 남편을 평생 애타게 기다리는 순정의 여인 솔베이지의 애련함이 담겨진 노래이다.

가난한 페르귄트는 아름다운 솔베이지를 사랑하여 결혼한다. 그는 솔베이지와 헤어져 돈벌이를 찾아 타국으로 떠나고 십수 년 후 고향으로 돌아오다가 어렵게 모은 돈을 몽땅 해적에게 빼앗긴다. 빈손으로 돌아갈 수 없었던 페르귄트는 많은 세월이 흐르도록 타향에서 떠돌다가, 늙고 병들어 죽기 전에야 고향으로 돌아온다. 페르귄트는 자기를 기다리며 백발이 된 솔베이지를 만났지만, 그녀의 노래를 들으며 그녀의 무릎에 누워 세상을 떠나고, 솔베이지도 그의 뒤를 따른다. 애절한 이야기이다.

북국의 청정한 우수가 서려 있는 이 노래 가사는 이러하다.

Kanske uil der ga bade Binter og Var
겨울과 봄이 오더니 지나가 버리고
og boeste Sommer med, og det hile Ar
이제는 여름날도 사라져 가고,
men engang uil du Komme
한 해가 저물어 가는구나
det ved jeg visst
하지만 언젠가 당신이 돌아오리라 믿어요
og ieg skal nok vente, for
난 계속 기다릴 거예요
det lovte jeg sidst
당신께 맹세했듯이

Gud styrke dig, hvor du i Verden gar
바다든 육지든 어디서든 길을 잃더라도
Gud gloede dig
신이 지켜 주실 거예요
hvis du for hans Fodskammet star
당신이 신의 발판 앞에 서 있다면 신이 편안하게 해 주실 거예요
Her skal jeg vente till du kommer igjun
이곳에서 당신이 오실 때까지 혼자 기다리겠어요
og venter du hisst oppe
당신이 저 높은 곳에서 기다리더라도
vi troeffes der, min Ven
난 거기까지 가서 만나겠어요. 사랑하는 당신을

노르웨이는 환상적인 색채를 수놓는 오로라, 산과 폭포, 빙하와 피오르드 등 자연 절경의 대 파노라마의 연속인 아름다운 나라이지만, 노르웨이인들은 비옥한 토지를 찾아 국외로 진출, 다른 지역을 차례로 침범한 바이킹의 후예들이다.

그들은 콜롬버스보다 한발 앞선 서기 1000년경에 아메리카 대륙을 발견하기도 했다.

대문호 입센이 민화집에 나오는 내용을 참고로 쓴 [페르귄트]는 그리그에 의해 음악으로 꽃을 피운 셈이고, 솔베이지의 노래는 그 안에 나오는 감동적인 걸작이다.

주인공인 페르귄트에 대해 좀 더 구체적으로 설명하고자 한다.

페르귄트는 바이킹의 후예여서인지 탐험과 방황, 도전의 삶을 살았다. 어머니와 둘이서 가난하게 지내고 있던 그는 농사일보다 총과 낚싯대를 메고 스키를 타며 고향의 산천을 바람처럼 누비며 지냈다.

그는 솔베이지라는 청순한 연인이 있음에도 불구하고, 다른 남자의 신부를 빼앗아 산속으로 달아나는가 하면 평생을 모로코 아라비아 미국 등으로 부와 모험, 세속적인 환락을 쫓아 유랑 생활을 하기도 했다. 이러한 페르귄트가 어느덧 늙어 솔베이지를 찾아 귀국했을 때, 백발이 된 그녀는 오두막에서 옷감을 짜며 아직도 그의 귀향을 기다리고 있었다.

늙고 지친 페르귄트는 솔베이지를 껴안고 '그대의 사랑이 나를 구해 주었다' 고 말하며 솔베이지의 무릎에서 그녀가 불러주는 자장가를 들으며 숨을 거둔다.

프란시스코 데 아시스 타레가 이 에익세아,
(Francisco de Asís Tárrega y Eixea, 1852~1909)

프란시스코 타레가 **알함브라 궁전의 추억**

「알함브라 궁전의 추억」을 작곡한 프란시스코 타레가는 10세기 후반의 스페인을 대표하는 기타 작곡가이다. 20세기적인 의미에서의 현대적인 연주법을 완성한 위대한 연주가이기도 하다. 알함브라 궁전은 1238년 그리스도 교도들에게 쫓겨 그라나다로 온 무어인들에 의해 완성된 이슬람 건축 사상 가장 위대한 걸작으로 꼽히는 아름다운 궁전이다. 타레가는 달빛에 드리워진 궁전의 아름다움을 실연당한 자신의 심정과 겹치게 하여 작곡하였다. 그래서인지「알함브라 궁전의 추억」은 듣는 이의 마음을 더욱 애잔하게 한다. 이 곡은 그가 그라나다를 방문했을 알함브라 궁전을 보고 받은 감동을, 그 신비로움과 애절함을 더하는 트레몰로 주법으로 옮긴 것이다. 설에 불과하지만, 1896년 타레가는 그의 제자인 콘차 부인을 짝사랑하고 있었다. 그녀는 타레가의 사랑을 거부했고 실의에 빠진 타레가는 스페인을 여행하면서 이 '알함브라 궁전'을 접하게 되었다고 한다.

알함브라 궁전 건축에 대해 좀 더 설명하자면 이렇다.
스페인의 마지막 이슬람 왕조인 나스르 왕조의 무하마드 1세 알 갈리브가 13세기 중반에 세우기 시작하였고, 증축 및 개보수를 거쳐 약 14

세기에 지금의 모습으로 완성되었다. 유구한 역사와 아름다운 외관을 자랑하는 이 궁전은 나스르 왕조의 마지막 왕 보아브딜이 스페인의 페르난드 2세의 공격에 대항하지 않고 아프리카로 떠나면서 이슬람 왕조와의 연을 다하였다. 트레몰로 주법이 만들어내는 애잔한 분위기는 알함브라 궁전의 이러한 서글픈 역사를 잘 표현한다.

타레가는 기타의 현대적인 주법을 완성한 기타리스트로서 매우 중요한 인물이다. 그의 비르투오소적인 테크닉 때문에 '기타의 사라사테'라고 불렸을 정도였다. 그가 아니었으면 기타라는 악기는 여러 가지 한계로 인하여 지금과 같은 위치를 차지하지 못했을지도 모른다. 그는 1880년대부터 약 20여 년간, 서유럽의 예술 음악들, 즉 바흐나 베토벤, 쇼팽 등이 작곡한 음악들을 기타로 편곡하였다. 그 과정에서 현대적인 주법들이 사용되었고, 새로운 음향 역시 만들어질 수 있었다. 그 덕분에 기타라는 악기의 레퍼토리는 매우 확장되었다. 게다가 그는 단순히 기타라는 악기의 새로운 가능성을 발견하는 것뿐 아니라, 자신의 고국인 스페인의 민속 음악적 요소들을 기타 작품으로 만드는 데도 관심이 많았다. 그리고 그중 가장 빛나는 산물이 바로 이 「알함브라 궁전의 추억」이다.

볼프강 아마데우스 모차르트
(Wolfgang Amadeus Mozart, 1756~1791)

모차르트 **클라리넷 협주곡**

오스트리아 사람 모차르트는 요제프 하이든과 더불어 18세기 빈 고전주의 악파의 대표적인 인물이며, 오페라, 실내악, 교향곡, 피아노 협주곡 등 여러 양식에 걸쳐 방대한 작품을 남겨 전시대를 통틀어 음악의 천재 중 한 사람으로 알려졌다.

모차르트는 첫 번째 음악 여행(1762-69)에서 프랑스와 잉글랜드에 갔는데, 그곳에서 그는 요한 크리스티안 바흐를 만났고 거기서 그의 첫 번째 교향곡을 썼다. 이탈리아 여행(1769-74)에서 그는 처음으로 요제프 하이든의 현악 4중주를 보았고 첫번째 이탈리안 오페라를 썼다. 1775-77년 그는 그의 바이올린 협주곡과 첫 번째 피아노 소나타를 작곡했다.

모차르트는 35살에 병으로 죽었는데, 이처럼 짧은 생애 동안 위대한 업적을 남긴 작곡가는 없다.

모차르트의 클라리넷 협주곡은 알레그로(Allegro), 아다지오(Adagio) 론도. 알레그로(Rondo. Allegro) 3악장으로 구성되었다.

모차르트가 죽기 몇 주 전에 유일하게 클라리넷 협주곡을 썼기 때문에 고별사 같은 느낌이 난다. 하지만 그 당시 그의 건강 상태는 양호했고, 최후의 오페라인 마술피리와 황제 티투스의 자비를 막 끝냈을 때였다. 바로 그 점이 모차르트가 바쁜 스케줄로 정신이 없었다는 명확한 증거이다.

알레그로는 눈부시도록 화사한 주제로 시작한다. 친숙하고도 감미로운 아다지오의 주제 선율은 모차르트의 곡 중에서 가장 아름답기로 유명한데, 클라리넷의 노래하는 듯한 소리는 애가와 같은 단순함으로 구체화했다.

피날레의 론도는 듣는 사람의 기분을 유쾌하게 만들어준다. 클라리넷의 화려한 높은음과 영혼의 울림과 같은 낮은 음을 적절하게 잘 대비시키고 있다. 클라리넷 협주곡은 슈타들러가 디자인한 악기로, 낮은 음역을 더 확장한 바셋 클라리넷을 위해 작곡했다. 모차르트의 자필 악보는 소실되었지만, 그가 남긴 악보 초안으로 클라리넷 성부를 복원할 수 있었다. 바셋 클라리넷으로 연주하면 소리가 더욱 풍부해진다. '알레그로'는 빠르고 경쾌하게라는 뜻이다. 론도는 2박자의 경쾌한 춤곡을 말한다.

1985년에 발표된 영화 〈아웃 오브 아프리카〉는 생명력 넘치는 아프리카를 담았고, 그런 만큼 아름다운 영상으로 극찬을 받았다. 아프리카의 대자연과 평온한 대평원을 화면에 담은 이 영화에는 모차르트의 음악이 수록되면서 아름다움을 더했다. 해가 저무는 아프리카의 광활한 대자연. 이 장면에 흐르던 음악이 모차르트의 클라리넷 협주곡 2악장이 아니었다면, 이 영화의 느낌은 달라졌을지도 모른다.

'천상의 아름다움'이라는 수식어를 동반하는 모차르트의 클라리넷 협주곡은 1791년, 모차르트가 세상을 떠나기 두 달 전에 작곡되었다. 작곡가의 마지막 협주곡이자, 클라리넷을 위해 작곡된 유일한 협주곡으로 기록되는 이 작품은 모차르트의 작품 가운데서도 많은 사랑을 받는 곡으로 꼽힌다. 절대적인 아름다움, 천상의 선율과 같이, 모차르트의 음악에 붙여지는 수식어가 더없이 어울리는 작품이다.

모차르트는 1789년 클라리넷과 현악기를 위한 클라리넷 5중주를 작곡하였다. 그리고 1791년에는 이 클라리넷 협주곡을 작곡했다. 당대 최고의 클라리넷 연주자이고, 당시 빈 궁정 오케스트라 단원이었던 안톤 슈타틀러(Anton Stadler)를 위해 작곡된 이 작품은, 처음에는 바셋호른(basset horn)을 위해 작곡되었다. 바셋 호른은 모차르트 시대까지도 많은 사랑을 받았던 목관악기로, 비교적 음역이 낮아 관이 길어졌는데, 관이 직선으로 제작되면 연주자들이 손가락을 지공에 댈 수 없다는 한계 때문에 초승달 모양의 곡선으로 제작되었다. 슈타틀러는 클라리넷과 바셋호른 연주에 뛰어난 연주자였으며, 모차르트는 바셋호른이 지닌 부드러운 음색을 좋아해 처음에는 바셋호른을 위해 이 곡을 작곡했다가 클라리넷을 위한 곡으로 편곡했던 것으로 추정된다. 편곡의 과정에서 원래의 G장조에서 A장조로 조성이 바뀌었다.

18세기에 제작된 클라리넷과 바셋 클라리넷(구부러진 모양의 악기가 바셋 클라리넷). 베를린 악기박물관에 소장되어 있다

부드럽고 잔잔하면서도 맑은 울림이 가득한 A장조의 클라리넷 협주

곡은 순수한 아름다움이 가득한 모차르트의 음악을 대표한다. 1791년 10월 16일, 프라하에서 슈타틀러가 초연했을 것으로 추정되며, 초연 당시 관중의 반응도 긍정적이었던 것으로 알려져 있다.

1악장 알레그로는 소나타 형식으로 작곡되어 즐겁고 밝은 주제로 시작되며 제시부와 발전부, 그리고 재현부 앞뒤로 리토르넬로가 반복되면서 활기찬 분위기를 더한다.

2악장 아다지오는 영화 〈아웃 오브 아프리카〉에 수록되어 더욱 많은 사랑을 받고 있다. 2악장은 느린 아다지오에 클라리넷의 아름다운 선율이 더해졌다. 오케스트라와 함께 주제를 연주하는 클라리넷 주자는 솔로가 돋보이는 중간부분을 지나 이 작품의 유일한 카덴차를 연주한다. 바셋 클라리넷이 연주하던 낮은 음역의 음도 사용되었다.

3악장 론도 알레그로는 쾌활한 반복구와 다소 서정적인 분위기의 에피소드가 대조를 이루며 전개되는 론도 형식의 악장이다.

계속해서 반복되는 A부분과 대조적인 B, C부분이 교대되는 3악장은 A-B-A-C-A-B-A의 구조로 전개되며, 곡을 종결짓는 마지막 악장다운 경쾌함을 지녔다.

가장 먼저, 현재까지 모차르트의 자필 서명이 담긴 원본이 발견되지 않았다. 처음 악보가 출판된 것은 1801년이다. 음악학자들 사이에서는 악장간의 완성도 차이가 크다는 것을 이유로 모차르트의 스케치를 기초로 하여 누군가가 첨가하여 완성한 곡이 아니냐는 의문도 꾸준히 제기되고 있다.

이 곡은 슈타틀러를 위해 작곡되었다고 알려져 있는데, 슈타틀러가 갖고 있었던 개인 악기가 당시 널리 쓰이던 클라리넷과는 또 다른 특수한 악기였기에 독주 악기에 대한 의문도 있다.

원래 슈타들러가 갖고 있던 개인 악기는 당시에 유행하던 악기인 바셋 호른의 모양에 마개를 첨가한 것이다. 이것은 일반 클라리넷보다 아래로 두 음 더, 즉 저음 다까지 연주할 수 있었던 클라리넷이다. 후대의 연구가들은 '바셋 클라리넷'으로 부르고 있는데, 이는 어디까지나 연구상 편의를 위한 것이지 슈타틀러 시대의 용어는 아니다. 슈타틀러는 '자신이 발명한 새로운 클라리넷'이라고만 했다. 그러나 이 곡이 바셋 클라리넷을 위해 작곡된 것인지는 모차르트의 원본이 발견되지 않아 확인할 수 없다.

1801년 첫 출판된 악보들의 독주 악기가 A조의 가-클라리넷으로 되어 있기에 오늘날에도 보통 가-클라리넷으로 연주한다. 이것은 아마 19세기 당시에 가-클라리넷이 널리 쓰이고 있었기 때문으로 추정된다. 1950년 이후 학자들과 클라리넷 연주자들 사이에서 원곡 복원운동이 활발히 이루어져 요즘엔 바셋 클라리넷으로 연주하기도 한다.

일각에서는 이 곡의 1악장 도입 부분이 플룻 협주곡 1번 1악장의 도입 부분과 상당히 유사하다는 의견이 나오고 있다. 모차르트는 자신의 작품을 전 작품과 유사하게 작곡한 적이 없진 않지만 이렇게 대놓고 배낀 적은 없었다. 그래서 더더욱 누군가가 다른 곡들의 악상을 빌려와서 작곡한 것이 아니냐는 의견이 나오고 있다.

볼프 페라리 (Wolf Ferrari, Ermanno 1876-1948)

볼프 페라리 성모의 보석

볼프 페라리의 오페라 '성모의 보석'은 전 3막으로 이루어져 있는 그의 대표작이다. 줄거리는 작곡가 자신이 만든 것이며, 서곡이나 전주곡 없이 약간의 간주곡이 삽입된다. 이 간주곡이 아름다워 오늘날에는 그것이 독립해서 연주되고 있다.

이 작품은 오페라부파(opera buffa)풍인 다른 작품들과 달리 베리즈모(Verismo 진실주의) 풍이다.

작품 「성모의 보석」은 '성모제'로 들뜬 나폴리를 무대로, 자유분방한 여주인공 마리엘라와 어릴 때부터 그를 사랑한 의붓오빠 제날로, 그리고 비밀결사의 리더 라파엘로 등이 벌이는 사랑의 비극이다.

이탈리아 극작가 골리스차아니(Golisciani)와 찬가리니(Zangarini)의 협작에 의한 작품으로, 원작은 이탈리아어로 씌었다. 1911년 12월 23일 베를린에서 초연되었다.

「성모의 보석」은 나폴리 한 마을의 성모상에 박혀 있는 보석으로 이 마을 사람들에게는 마을의 상징처럼 귀중하게 여겨지는 것이었다. 사랑의 증거로 그 보석을 훔치는 어리석음 때문에 비극이 벌어지게 된다. 특히 이 간주곡의 애잔한 선율은 비극을 예언하는 듯하다. 그러면서도 고운 선율이 우리들의 마음을 설레게 만든다.

오페라의 줄거리가 당시 나폴리 젊은이들의 사랑을 그린 것이다. 그렇더라도 '성모의 보석'을 훔쳐 오는 것으로 사랑을 증명해 보이겠다는 무모한 발상이다. 그것을 훔쳐 오는 사람이 누구이든 간에 순결도 바친다는 어설픈 설정은, 따져보면 극본이 주는 작품 자체의 큰 감동으로 다가오진 않는다. 그러기에 이 오페라가 볼프 페라리의 훌륭한 음악임에도 불구하고 오늘날에는 거의 공연되지 않는다. 그래서 오페라 작품으로서의 생명을 잃어 가는 것이 아닐까 생각한다.

이 작품은 독일과 영국에서는 환영받았다. 그러나 이탈리아에서는 사정이 달랐다. 가톨릭의 본산 이탈리아에서는 성모 마리아와 가톨릭교회를 비하한 내용이라는 이유로 무려 42년이 지난 1953년까지 공연되지 못했다. 볼프 페라리가 이 오페라에서 가톨릭교회의 위선적인 행동을 비판하였음이 3막에서 분명하게 드러나기 때문이다.

가톨릭교회라는 명분 아래 일반재산을 도둑질하듯 긁어모으는 것이 부랑자들이 성모 마리아의 보석을 훔쳐 자랑하는 것과 무엇이 다르냐는 문제를 제기하였고, 도덕적인 문제 또한 논란의 대상이 되었다. 혼외정사를 탐닉하는 내용도 등장하는데 가톨릭교회는 이를 동정녀 마리아에 대한 도전으로 간주하였다.

이 오페라는 음악적으로 상당히 진보적이다. 오케스트라에 몇 가지 보편적이지 않은 악기를 사용한 것이 그 좋은 예다. 장난감 프럼펫, 오르간, 교회의 종, 민족 타악기 같은 것이 포함되어 있다. 고아 마리엘라는 양모의 처사에 견디다 못해, 자기를 사랑하는 수양 오빠 제날로까지

버리고 비밀결사단원인 라파엘로에게로 간다.

제날로는 한때 성모의 보석을 훔쳐 그녀의 환심을 샀지만, 마리엘라는 또다시 라파엘로에게로 달려가 보석의 비밀을 말하고는 바다에 몸을 던졌고, 그러자 제날로 또한 죄의 두려움에 자살하고 만다.

「성모의 보석」 간주곡 1번은 절절하게 가슴을 파고드는 애절함이 담겨있다. 단지, 예수를 잃고 비통해하는 성모 마리아를 은유한 작품으로 이해하는 사람들이 많지만, 사실 그 애절함은 성모 마리아에 장식되어있는 보석의 분실을 말한다. 오페라의 스토리가 실제로 일어났던 사건, 신문기사를 토대로 대본을 썼기 때문이다.

피에트로 마스카니(Pietro Mascagni, 1863~1945)

마스카니 카발레리아 루스티카나

마스카니는 이탈리아의 오페라 작곡가이다.

카발레리아 루스티카나는 '촌뜨기의 기사도' 라는 뜻이다. 이 곡은 오페라 간주곡인데 심란할 때나 혼란스러울 때 들으면 마음이 편안해지는 곡이다. 19세기 말, 이탈리아의 젊은 작곡가들이 오페라의 귀족과 왕족을 소재로 한 화려한 무대에서 회의를 느끼게 하는 작품이다.

이들은 가난한 노동자들과 농민들의 삶을 소재로 하여 베리시모의 진실주의 오페라를 개척하는 계기를 마련했다.

그 첫 번째 작품이 이탈리아의 작가 지오바니 베르가의 희곡 <카발레리아 루스티카나>인데, 작곡가 마스카니가 베르가의 작품을 소재로 한 오페라 「카발레리아 루스티카나」를 작곡한 것이다. 이 작품은 최초의 베리시모 오페라로 인정받고 있다.

피에트로 마스카니는 1863년 12월 7일, 이탈리아의 리보르노에서 가난한 빵집의 아들로 태어났다. 아버지는 아들을 법률학자로 만들고 싶어 했으나, 마스카니는 피아노를 배워서 소프레디니 음악원에 입학한다. 13세에 오페라를 작곡할 정도로 음악적 재능이 뛰어났으며 그 후 밀라노 음악원에 입학했으나 2년 후에 중퇴했고, 콘트라베이스 연주자로 활동하다가 유랑악단을 이끌고 유럽 곳곳을 돌아다녔다고 한다.

1888년, 신인 작곡가 등용을 위한 손초뇨사의 단막 오페라 작곡 공모에 참여해 최고상을 받은 작품이 바로 이 「카발레리아 루스티카나」 라고 한다. 이때부터 오페라 작곡가로 유명해진 마스카니는 모두 16편의 오페라를 작곡했으며 페사로 음악원장, 로마 음악원장을 지냈으며 그는 무솔리니 독재 치하에서 국민음악가로 추대되었고, 그 때문에 동료 음악가들에게서 인간적으로 버림받는 비극을 겪기도 했다.

 리코르디와 쌍벽을 이루던 유명 출판사 손초뇨는 젊은 작곡가들을 발굴할 목적으로 1888년 '단막 오페라 현상 공모' 를 실시하였다. 그리고 27세의 젊은 나이였던 시골 음악교사 피에트로 마스카니가 제2회 공모에 1등으로 당선되면서 유럽에 알려지게 되었다. 그를 스타로 만든 오페라가 바로 「카발레리아 루스티카나」 이다.

 「카발레리아 루스티카나」 를 작곡하기 전에, 마스카니는 이미 2개의 오페라를 착수한 적이 있었다. 그러나 오페라가 완성되지는 않았다는 점에서 보면 「카발레리아 루스티카나」 가 작곡가의 첫 번째 완성작이다. 사실 이 오페라를 착수할 때 마스카니는 결코 좋은 상태는 아니었다. 그의 첫아들 도메니코가 태어난지 약 4개월 만에 죽어 실의에 빠져 있었기 때문이다. 다행히 작곡가는 푸치니의 충고를 받아들이고 조반니 타르조니 토체티와 귀도 메나시의 대본을 받아들여 두 달 만에 오페라를 완성하였다. 이후 1890년 5월 17일 로마 콘스탄치 극장에서 열린 초연은 마스카니를 대스타 반열에 올리는 쾌거를 낳는데, 「카발레리아 루스티카나」 공연 후 마스카니는 아버지에게 "관객들은 모두 의자에서 일어서서 박수를 보냈고, 모든 오케스트라 단원들도 일어나 저를 한껏 돋보이게 했습니다. 그리고 여왕과 모든 귀족도 박수를 보내왔지요."라고 편지를 적어 보냈다. 이 편지를 통해 「카발레리아 루스티카나」가 얼마나 성공했는지를 알 수 있다. 구스타프 말러 역시 이 작품을 극찬하였는데, 스스로 부다페스트 오페라하우스에서 이 오페라를 지휘함으로써, 이 작품이 빈 국립극장 레퍼토리 반열에 오르게 되었다.

칼 마리아 폰 베버(Carl Maria von Weber, 1786~1826)

칼 마리아 폰 베버 **무도회의 권유**

　칼 마리아 폰 베버 「무도에의 권유」는 베버의 기악곡 중 가장 유명한 작품으로 많은 피아니스트의 레퍼토리 중 하나로 알려져 있다.
　이 곡을 베를리오즈가 1841년 관현악으로 편곡했는데, 그 작품이 더 유명한 것으로 알려져 있다.
　1911년 미하엘 포킨이 이 작품에 맞춰 「장미의 요정」이라는 단막 발레 작품을 발표하기도 하였다.
　관현악법의 천재였던 베를리오즈의 절묘한 기법이 십분 잘 나타나 있는 이 곡은 오늘날 모범적인 오케스트레이션으로 평가받고 있다.
　베버의 「무도에의 권유」는 연주회용 왈츠이다. 작곡가 스스로는 이 작품을 "화려한 론도"라고 불렀다.
　표제음악이라는 틀을 가진 이 작품은, 가만히 앉아서 음악을 듣고 있노라면 나 자신이 무도회에서 그 장면을 보고 있는 것만 같은 현장감을 주기도 한다.
　어느 무도회에서 한 신사가 귀부인에게 춤의 상대가 되어 줄 것을 간청한다. 부인은 망설이다가 이를 거절한다. 그러나 신사는 포기하지 않고 열심히 설득하였고, 부인은 결국 거절하지 못하고 승낙하고 만다. 그리고 두 사람은 시선을 맞추다가 조용한 대화가 오가고, 손을 마주

잡고 무대 중앙에서 화려한 무곡에 맞춰 춤을 춘다. 때로는 격렬하게, 때로는 조용히, 두 사람은 멋지게 춤을 춘다. 그 순간만큼은 모든 생각을 잊고 오로지 둘만의 소통 속에서 리듬에 맞추는 환상적인 춤이다. 음악이 끝나면 두 사람은 인사를 나누고 퇴장한다.

이것은 작곡자인 베버 자신이 쓴 곡의 해설이다.

베버는 이 작품에 대한 자세한 프로그램과 함께 아내 카롤리네에게 헌정하였다.

독일 낭만파의 선구자인 베버가 피아노의 기능을 충분히 살려 만든 이 곡은 기악곡에 표제를 붙여 극적인 표현을 조성하였고, 연주회용으로 왈츠를 쓴 것은 당시로서는 획기적인 일이었다.

그 후 요한 스트라우스의 비엔나, 쇼팽의 왈츠에도 큰 영향을 준 이 작품이 관현악곡으로 처음 연주된 것은 1841년 베버의 가극 〈마탄의 사수〉를 파리에서 상연할 때, 프랑스인들이 좋아하는 발레 장면을 삽입하기 위해 베를리오즈가 편곡을 하고서부터 더욱 유명해진 곡이다.

이 곡에 대해 좀 더 설명하자면, 베를리오즈는 베버의 「무도에의 권유」를 관현악곡으로 편곡하였다는 점이다. D♭장조 모데라토로 시작하여 알레그로 비바체의 빠른 부분으로 이어지며 흘러나오는 경쾌한 왈츠의 주제가 돋보이는 이 작품에 베를리오즈는 악기의 색채를 더함으로써 작품에 생기를 불어넣었다.

베를리오즈는 춤을 권하는 신사와 숙녀에게 각각 첼로와 플루트라는 악기를 부여하였다. 첼로의 서주로 신사는 숙녀에게 춤을 청하고 이를 거절하는 숙녀는 플루트로 연주된다.

　이 작품에서 재미있는 부분은 왈츠가 끝나고 곡이 종결되기 직전으로 코다(한 악곡이나 악장의 끝맺음을 강조하기 위한 마지막 부분의 악구) 전에 음악이 잠시 정지한다. 많은 공연에서 이 부분을 작품의 끝으로 알고 청중들이 박수쳤다고 하는데, 현재에는 이러한 잘못된 부분의 박수도 이 작품에 있어서 하나의 관례가 되었다고 한다.

안토니오 비발디(Antonio Vivaldi, 1678~1741)

안토니오 비발디 **사계 - 봄**

    비발디는 바로크 시대의 후기에 기악음악에서 가장 영향력 있는 작곡가 중 한 사람이다.
    비발디의 대명사처럼 불리는 이곡은 사계절이 뚜렷한 우리나라를 포함하여 극동지방에서 특히 인기 높은 곡이기도 하다.
    이 곡은 비발디가 50세에 들어서 암스테르담에서 작곡한 곡으로 잘 알려져 있다. 1~4곡으로 각기 봄, 여름, 가을, 겨울이라는 제목이 붙어 있고, 각 곡마다 3악장으로 구성되어 전체 12곡이다.

    각각 곡마다 계절과 연관된 소리와 스토리로 구성되어 있는데, 예를 들면 봄에는 새소리, 여름에는 산들바람 등이 잘 잘 묘사되어 있다.
    비발디의 『사계』는 우리 생활 가운데 깊숙이 뿌린 내린 클래식음악으로 지하철, 화장실 등등 공공장소에서 가장 많이 듣고 있는 곡이다.

    특히 표제가 붙어 있는 사계의 이러한 음악 외적 묘사의 시도는 막장마다 맨 앞에 서두로 적혀 있는 소네트 시의 이미지와 생각들로 잘 나타나 있어, 비발디는 자신의 의도를 좀 더 명확히 하기 위해 악보의 적당한 막 구에 시 구절을 적어놓거나 심지어 '잠자는 염소치기',

'짖는 개'와 같이 묘사어를 덧붙이기도 하여 독특하다. 그래서 바로크 시대 후기에 표제음악으로서의 가장 좋은 예가 되기도 한다.

비발디 『사계』 중 봄(La Primavera) 소네트* 1악장은 알레그로 E장조 4/4박자로, 제1악장에서 '봄이 왔다'라는 시가 표기되어 있다. 총주로 민속적인 주선율이 시작된다. 이 총주 부분은 항상 같은 음악을 연주하는 리토르넬로다. 그 후에 바이올린 독주 부분이 뒤따른다. 첫 독주 부분은 3개의 독주 바이올린에 의해 트릴과 스타카토로 새들의 노래가 음악으로 모방하고 그다음에 샘물이 졸졸 흐르는 소리, 산들바람이 부는 부분이 뒤따른다. 그러다가 갑자기 천둥과 번개 그러나 악천후가 지나가면서 새들이 다시 노래하는 밝은 봄의 분위기가 여린 소리로 울리며 끝난다.

『사계』 중 봄은 새들의 지저귐과 따뜻한 햇볕 아래 졸고 있는 목동 옆에서 허공을 향해 짖는 강아지 소리, 나뭇잎이 감미롭게 속삭이고 등 반주에 맞춰 흥겹게 춤추는 농부와 양치기들의 축제를 묘사했고, 여름 전반부에 가축과 사람을 지치게 만들고 또 푸른 들판의 나무와 풀들까지도 붉게 물들이는 폭염을 권태롭게 묘사하는 짧은 모티브로 시작하여, 이어 솔로 바이올린 비둘기의 울음소리와 산들바람 폭풍으로 곡을 끝맺었다. 그리고 가을은 사람에게 풍요로움을 주는 곡이라 가만히 앉아있어도 어깨춤이 절로 덩실거려지기도 한다. 겨울을 맞이하기 위해

차분히 월동준비를 하는 그런 느낌의 곡이다.

　전성기 때는 전 유럽에 비발디의 이름을 모르는 이가 없을 정도였으나 말년에는 그에 대한 대중의 관심이 식어버렸다.

　비발디는 타고난 붉은 머리 때문에 붉은 머리의 사제라는 별명이 있었다고 하는데 초상화에는 그런 특징이 반영되지 않았다고 한다.

　비발디가 빨강머리였다니 인상적이다.

　잘 나가다가 말년에 인기가 식고 돈도 없어졌고, 그래서 빈자들의 무덤에 묻힌 비발디는 사후엔 잊혀졌다. 하지만 그의 명성을 되살린 사람은 바로 요한 세바스찬 바흐였다.

　훌륭하고 착한 후배인 바흐는 원래부터 비발디를 존경했었다. 비발디의 작품을 건반 연주로 편곡한 비발디 편곡집이 20세기 초에 발견되어 비발디는 사후 재조명을 받을 수 있었다고 한다.

　클래식 음악가들의 생애를 보면 인생은 참 다양하구나 하는 생각이 든다.

　어렸을 때 혹사당했지만 나머지 인생은 쭉 화려하게 산 리스트나, 평생 가난의 굴레에서 살았던 짐노페디, 유복한 집안에서 엘리트로 성장해 사랑과 음악을 모두 쟁취한 크라이슬러, 부잣집 연상 여인과 평생 사랑한 엘가 등등 인생의 궤적이 사람마다 제각기 다르다는 당연한 사실을 봤다.

　뛰어난 후배 바흐의 편곡집으로 클래식사에 영원히 이름을 남긴 클래식의 간판스타 비발디. 사계가 워낙 대곡이라 가을만 들어보는데도 무려 30분의 시간이 걸린다.

1악장 알레그로 E장조는 봄이 옴을 알리는 테마가 현악으로 총주로 시작되면서, 독주 바이얼린, 제1, 제2 바이얼린 파트의 트릴 기법으로 새들의 지저귐이 너무나 잘 묘사된 표현이 기발하다. 바이올린의 16분 음표 음형으로 샘물이 솟아오르는 모습을 묘사하고 있으며, 천둥과 번개는 투티와 현악기들의 32분음표 트레몰로 기법으로 표현되고 있어 독특하다.

『사계』 봄 소네트 2악장은 라르고 E장조 3/4박자이다.
「목동은 꽃이 핀 사랑스러운 풀밭에 누워 나뭇잎들과 풀잎이 속삭이는 소리를 들으며 충실한 개가 지키는 가운데 잠들어 있다.」
이 시구가 첫머리에 놓여있다. 오케스트라의 바이올린은 부점이 붙은 16분음표로 나뭇잎과 풀잎들이 속삭이는 소리를 표현하고, 탕탕 끊기는 비올라는 개 짖는 소리를 표현하며, 제1 바이올린의 선율은 목동을 위한 자장가를 뜻한다고 한다. 『사계』를 아이들과 함께 들으면서 각자의 악기 소리를 통해 사물을 추측해서 이야기해보게 하면 아이들도 흥미롭게 음악을 듣게 된다. 그래서 나는 아이들에게 『사계』를 통해 클래식과 가까워지게 하는 시간이 되라고 권한다.

2악장은 라르고 E장조로 꽃이 만발한 목장에서 나뭇잎이 감미롭게 속삭이고, 주인에게 충실한 개는 따뜻한 양지에서 졸고 있는 목동 옆에서 가끔 허공을 향해서 짖는다. 솔로 바이올린이 목장에서 한가로이 쉬고 있는 목동들의 노래를 부르고, 그 배경에는 현악 약주가 바람에 스쳐 흔들리는 나뭇잎들을 그리고 있다. 비올라가 아주 약하게 점음표로 가끔 허공을 향해 짖는 개를 표현하고 있어 현장감이 고조된다.

3악장은 알레그로 E장조 12/8박자로 양치기들과 전원풍의 무곡으로서 명랑한 백파이프 소리에 맞추어 눈부시게 단장한 봄날의 지붕 아래서 춤추고 있는 장면들이다.

3악장의 소네트는 목동들의 춤으로 시칠리안풍의 점 셋 잇단음표의 리듬으로 명랑하게 연주를 한다. 중간 부분의 바이올린 솔로가 나올 때 분위기가 바뀌었다가 마지막 부분은 다시 명랑한 춤의 주제를 연주하며 곡이 끝난다.

흥겹게 춤추는 농부와 양치기들의 축제를 묘사하고 있는데, 처음의 투티 곧 총가 백파이프의 소리를 낸다. 이어서 나타나는 바이올린의 솔로가 즐거운 춤의 장면을 효과적으로 표현하고 있어 기발한 곡을 표출한다. 네 번의 투티와 각각의 사이에 솔로바이얼린 연주가 등장하는 전형적인 리토르넬로 형식을 취하고 있다. 알레그로는 경쾌하고 빠르게 라는 뜻이다. 님프는 그리스 신화에서 수풀, 물, 동굴 같은 곳에 사는 초자연적 존재인 반신반인의 요정을 뜻한다. 트릴기법은 어떤 음을 연장하기 위하여 그 음과 2도 높은음을 교대로 빨리 연주하여 물결 모양의 음을 내는 장식음이다. 투티는 총주 즉 다 같이 연주하는 것을 말한다. 트레몰로기법은 음 또는 화음을, 빨리 떨리는 듯이 되풀이하는 연주법이다. 라르고는 '매우 느리게' 라는 뜻이다. 리토르넬로 형식은 총주와 독주를 교체시키는 수법이 사용되는 형식이고, 백파이프는 가죽 주머니에 몇 개의 파이프를 달아 그 주머니 속의 공기를 밀어내면서 연주하는, 리드가 부착된 관악기로 유럽 민속 악기의 하나인데 스코틀랜드의 것이 유명하다. 그럼, 비발디의 사계 중 봄을 드레스덴 슈타츠카펠레 실내관현악단과 클라라 주미강의 바이올린 연주로 들어본다.

*리토르넬로 : 14~15세기 마드리갈 형식 음악의 후렴 부분을 이르는 말. 17세기에는 오페라, 칸타타, 다 카포 아리아의 노래 사이에 반복해서 연주되는 기악 부분을 의미하였다.
*표제음악 - 곡의 내용을 알 수 있는 제목을 붙인 음악
*소네트(정형시)-운율이 있는 짧은 시 (우리나라의 민요와 비슷해요)
*독주 협주곡 형식- 빠름/느림/빠름 3악장 형식

안토니오 비발디 **사계 - 겨울**

비발디의 사계 중 「겨울」에서는 아주 극심한 추위와 휘몰아치는 바람이 잘 묘사되었다. 한겨울 너무나 추워서 발을 동동거리며 이까지 부딪치는 모습이 잘 표현되어 있다. 첼로로부터 비올라를 거쳐 제2 바이올린, 제1 바이올린으로 이어지는 '투티Tutti' 곧 다 같이 하는 연주가 차가운 눈 속에서 엄습해오는 추위를 묘사하고 있어 독특하다. 그리고 이어지는 솔로 바이올린은 매서운 겨울바람을 묘사하고 있다. 제2의 투티는 동동걸음으로, 제2의 솔로 부분은 32분음표의 연속되는 메시지로 이를 부딪치는 모습을 효과적으로 표현하고 있는데 그런 장면들이 무척 장난스럽기도 하다.

　주목되는 것은 비발디의 사계는 시의 내용을 음악적으로 섬세하게 표현한 방법이 독특하다는 점이다. 좀 더 구체적으로 설명하자면, 1악장은 떠는 장면을 같은 음의 반복과 스타카토, 그리고 점점 악기가 많아지면서 더 많이 떠는 느낌이 들도록 기발하게 표현되었다.

　2악장은 평화롭게 쉬는 장면이라 아주 부드러운 선율로 아름답게 표현했다. 3악장은 얼음 위를 걷는 장면은 약하게, 이음줄로 부드럽게 표현했고, 미끄러지는 장면은 얼음이 깨지듯 8분음표로 마무리한 작품으로서 사계를 잘 표현하였다. 그래서 명곡으로 알려지지 않았나 싶다.

이 곡의 커다란 특징은 협주곡이라는 형식을 빌려 봄, 여름, 가을, 겨울 4계절의 자연과 거기서 어우러지는 사람들의 생활상을 그렸다는 것이 대단한 발상이다.

빠른 템포의 양단악장 중간에 느릿한 중간악장을 끼워 넣은 3악장의 구성이다. 그리고 곡 하나하나에는 비발디 자신의 손으로 소네트를 달았고, 또 악보의 요소마다 그 대목이 무엇을 나타내고 있는가를 주석하고 있다. 그러므로 따로 해설을 덧붙이지 않아도 그 내용 그대로 받아들일 수 있다.

비발디의 작품집 『화성과 착상의 시도』에 실린 12개의 콘체르토 중에 포함된 4개(봄, 여름, 가을, 겨울)의 바이올린 콘체르토이다. 17세기 초에 작곡된 이 곡은 오늘날 가장 많이 연주되는 클래식 음악에 속한다. 심각하지 않은 쾌활한 울림, 주어진 설명이 쉽게 이해되는 자연현상의 묘사는 많은 사람에게 친근감을 준다.

제1악장

사람이 눈 속으로 간다. 발을 동동 구르다가 뛰어간다. 너무 춥다는 표시로 이빨을 맞부딪친다. 매서운 바람이 이는 겨울 풍경이 공허한 옥타브와 5도로 묘사된다.

이는 선율이 지배적인 그의 음악에서 이례적이다. 그런 후에야 바람을 묘사하는 바이올린 독주가 나타난다. '추워서 발을 구르는' 장면이 자주 반복하는 모티브로 나타난다. 트레몰로는 추워서 이들이 부딪치는 소리이다.

제2악장

집 밖에서는 찬비가 들판을 적신다. 그러나 집 안에서는 불길 좋은 화로 곁에서 따스하게 지낸다. 여린 바이올린 소리가 자장가를 들려준다. '밖에 비가 휘몰아칠 때 난롯가에서 조용하고 만족한 시간 보내기' 편안함(3화성), 빗방울(피치카토), 고요함(비올라의 지속음)으로 푸근한 겨울 장면이 묘사된다.

얼음

얼음 위를 조심스럽게 걸어간다. 서두르다가 미끄러져 나뒹군다. 다시 일어나 마구 달린다. 바람 소리가 문틈으로 새어든다. 얼음을 타는 사람을 묘사하는 독주 바이올린이 베이스 위로 흐른다. 독주 선율은 두려워하듯 느려지기도 하다가 갑작스러운 움직임으로 주저앉고 마는 장면을 그린다. 그런 후 바이올린이 점점 더 능숙하고 안정된 움직임을 보이면서 빨라지고 뛰는 동작을 보이면서 얼음이 갈라져 벌어지는 장면으로 나아간다. 부드러운 남동풍(scirocco)이 살짝 분 후에 아드리아해의 바람(bora)과 싸움이 벌어진다. 바람들이 싸우는 소리가 음향적 상황을 이루며 음악이 끝난다.

"이것이 겨울이다. 어쨌든 겨울은 얼마나 많은 즐거움을 가져다주는가!" 이렇게 시는 끝난다.

엔리코 토셀리(Enrico Toselli, 1883-1926)

엔리코 토셀리 **세레나데**

　엔리코 토셀리는 이탈리아 피렌체 출신으로 유명한 피아니스트이다. 그는 가곡 작가로 활동하면서 오페라, 오페레타 외 많은 가곡을 작곡하였다. 이 가운데서도 특히 「세레나데」는 토셀리가 17세 때에 지은 곡으로 널리 알려졌다.

　원제목은 「탄식의 세레나데」인데 사랑을 잃은 실연의 아픔을 노래한 것이다. 선율이 너무나 우아하고 아름다워 사랑의 기쁨과 행복감을 노래한 것 같은 느낌이 들기도 한다.

　토셀리의 「세레나데」는 지난날을 추억하며 누구나가 좋아할 아름다운 가사이고 따라 부르기 쉬운 노래이다. 그래서인지 세계의 많은 젊은 이들의 애창곡이었던 세레나데는 사람들의 귀에 익숙한 곡이다.

　토셀리는 당시에 피아노와 보컬을 위한 많은 살롱 피스를 작곡했다. 이 곡들은 대부분 20세기의 전환기에 파리의 살롱 문화에서 영감을 받은 감상적인 작품들이었다. 아마도 토셀리가 남긴 많은 살롱 피스 중에서 오늘날 가장 유명한 한 곡이 있다면 그것은 단연 「세레나데」일 것이다.

　세레나타 림피안토(Serenata rimpianto, 탄식의 세레나데)라고도 불리는 이 곡은 슬픈 가사로도 유명하다.

사랑의 노래 들려온다.
옛날을 말하는가 기쁜 우리 젊은 날

사랑의 노래 들려온다
옛날을 말하는가 기쁜 우리 젊은 날

은빛 같은 달빛이 동산 위에 비취고
정답게 속삭이던 그때 그때가

재미로워라 꿈결과 같이 지나가건만
내 마음에 사무친 그 일 그리워라

사랑이여! 내 사랑이여!

은빛 같은 달빛이 동산 위에 비취고
정답게 속삭이던 그때 그때가

재미로워라 꿈결과 같이 지나가건만
내 마음에 사무친 그 일 그리워라

사랑이여! 내 사랑이여!

사랑의 노래 들려온다
옛날을 말하는가 기쁜 우리 젊은 날.

-작시「세레나데」전문

이 곡은 아주 분명하게 노스텔지어 적인 정서를 담고 있다. 돌아올 수 없는 행복했던 옛 시절을 그리워하며 그 추억을 그린 이 가사는 '돌아오라'고 절규하듯 외친다. 비단 돌아와야 할 것은 지나간 옛 시절만은 아니다. 가사의 내용에서 추측할 수 있듯이 사랑을 선택하기 이전의 순간들을 되돌리고 싶을 것이다.

사실 돌아오지 않는 사랑에 대한 그리움은 동서고금을 막론하고 모든 사랑 노래의 주제가 되어왔다. 그러나 토셀리의 「세레나데」는 작곡가의 짧고 강렬한 사랑이었다. 그의 불행한 결혼 생활과 관련된 일화와 함께 전해지고 있어서 더욱 특별하다.

토셀리는 오스트리아와 투스카니의 대공비大公妃이자 독일 작센 지방의 왕족이었던 루이 앙트와네트 마리와 결혼을 하지만, 그들의 결혼은 고작 4년밖에 가질 못했다. 루이는 새 남편을 들이고 곧 그들을 떠나는 것으로 알려졌다.

토셀리도 물론 그중 한 명이었다. 그녀는 유럽의 상류 사회에서 염문을 뿌리고 다니는 것으로 악명 높았던 것이다.

토셀리가 루이와 결혼했던 시기는 1907년이었기 때문에 「세레나데」가 그의 짧고 강렬했던 결혼 생활을 회상해줄 리 만무지만, 강렬한 스캔들 때문에 토셀리의 일화는 이 곡의 해설처럼 붙어 다니게 되었다.

토셀리의 다른 이름은 몬티그노소 백작이다.

게오르크 프리드리히 헨델 (Georg Friedrich Händel, 1685~1759)

헨델 **라르고**

　헨델의 라르고는 19세기 후반에 유명해진 곡이다. 그가 1738년에 작곡한 희극적 오페라 크세르세스에 나오는 아리아 한 대목이 라르고 선율의 원전이다. 라르고의 원래 곡명은 옴브라마이푸 곧 그리운 나무 그늘인데, 오페라 제1막이 시작되자마자 플라타너스 그늘에서 쉬고 있던 페르시아의 왕 크세르세스가 시원한 그늘을 만들어주는 나무를 칭찬하는 내용이다. 곡의 템포가 라르고인 까닭에 이 제목으로 널리 알려졌다. 오페라와 별개로 이 곡만 연주되는 경우가 많다. 아리아의 가사는 다음과 같다.

　　　나뭇잎이여 부드럽고 아름답구나.
　　　나의 사랑스런 플라타나스 나뭇잎
　　　너희에게 운명이 미소 짓게 하자꾸나.

　　　천둥, 번개, 그리고 폭풍우가
　　　결코 방해하지 않으리
　　　너희들의 사랑스런 평화를
　　　부는 바람도 결코
　　　너희들을 더럽히지 않으리.

그 어디도 없을 그늘
나무 그늘이여
이토록 소중하고 사랑스러우며
더 부드러운 그늘은

  1685년 독일에서 태어난 헨델은 천재적인 음악가로서의 자질을 갖고 태어났다. 그는 독실한 기독교 집안에서 엄격한 가정교육을 받은 헨델이었지만 음악 작품을 통한 사업운은 불운했다고 하는 것이 옳을 것입니다. 헨델은 그런 가운데에도 불후의 작품들을 남겨 오늘날 교회에서 사랑받는 작곡가로서 추앙을 받고 있다.

  바하와 더불어 바로크시대의 가장 뛰어난 음악가로 바하가 헨델을 깊이 존경하였던 것으로 전해진다. 헨델은 일반적으로 오라토리오라는 종교적인 소재를 중심으로 하는 악극뿐만 아니라 많은 오페라, 종교곡, 관현악 등을 작곡하였으며 다른 음악가들과는 달리 사후 시대에 인정을 받는 것이 아니라 생전에 이탈리아와 영국, 독일 등 국제적으로 인정을 받은 것으로 알려져 있다. 그의 음악 특색은 대중을 상대로 하는 음악을 만들었다는 것이며 특히 성모님을 사랑하였다.

  「라르고」는 1738년 초연된 오페라 「크세르크세즈」 중 테너 세르세가 제1막의 처음에 느리게 부르는 아리아로 라르고라는 이름으로 불려지는 매우 아름다운 곡이다.

  무겁고 장중하며 느린 속도를 의미하는 이탈리아어. 이론적으로는 라르고(메트로놈 매분 40-69박)와 라르고의 축소어 라르게토(69-100)는 아다지오 (100-126)보다 더 느린 것을 의미하지만, 이러한 구별이 항상 지켜지지는 않는다. '라르고'라는 말은 악곡의 악장의 제목으로 사용되기도 한다. 「헨델의 라르고」라 불리는 가장 유명한 라르고 중의 하나는 오페라 「세르세」의 아리아로서 이 곡은 각종 악기를 위하여 편곡되어 왔다. 헨델의 '라르고(Largo)'로 더욱 우리에게 잘 알려진 곡이다.

  그리운 나무 그늘이여(Ombra mai fu) : 이 곡은 원래 1739년 런던에서 처음 공연된 헨델의 오페라 「세르세(Serse)」중에 나오는 아리아이다. (참고로 세르세(Serse)는 영어로 크세르크세스(Xerxes)라고 쓴다) 오페라 제1막이 시작되자마자 플라타너스 그늘에서 쉬고 있던 페르시아의 왕 크세르크세스가 부르는 이 아리아는 '너만큼 정답고 달콤한 그늘을 드리운 나무는 없도다'라고 감탄하는 내용의 가사로 되어있는데, 남쪽 나라의 더위와 노곤함을 표현한다고 한다. 이 노래의 선율이 뒤에 헨델의 '라르고(Largo)'로 알려지게 되었고, 이 곡이 대중적인 인기를 얻게 된 것은 19세기 후반에 그 가사를 제외하고 기악곡 형태로 새롭게 편곡하여 연주되면서부터이다.

헨델 수상음악

헨델은 남자이지만 '음악의 어머니'라고 불렸고, 바흐는 '음악의 아버지'라고 불렸다. 이런 별칭이 붙은 것은 두 사람이 서양 음악의 기틀을 마련했기 때문이기도 하다.

특히 바흐는 음악의 형식을 발전시켰고, 신앙심이 강해 대부분 엄숙한 음악을 작곡하였다.

헨델은 서양 음악의 기틀을 잡았다. 다양한 기악 형식은 대체적으로 바흐의 영향을 많이 받았다. 헨델을 '음악의 어머니'라고 부르는 것은 어머니처럼 자상했고 요리도 잘하였으며, 여성스러운 옷을 입기도 하는가 하면 꼬불꼬불한 가발을 머리에 쓰고 다녔기 때문이었다고 한다. 그 외 특별한 이유가 있어서는 아니라고 한다. 이미 바흐를 '음악의 아버지'라고 불렀으므로, 음악에 많은 공헌을 한 헨델은 자연스럽게 '음악의 어머니'라고 불렸다는 말도 있다.

헨델과 바흐 이전의 서양 음악은 지금처럼 화려하지 않았다. 단조로운 음악이 대부분이었지만 바흐와 헨델이 여러 음악을 작곡하면서 서양 음악이 눈부시게 발전한 것이다.

작센 지방의 번화한 거리 할레에서 태어난 헨델은 처음에는 그곳 대학에서 법률을 공부하는 한편 음악수업을 계속했다. 18세 되던 해 함부르크에 가서 오페라 극장의 바이올리니스트가 되어 음악가로서의 첫발걸음을 내딛게 되었다. 이어서 이탈리아에서 다시 연찬을 쌓아 작곡가로서 인정을 받게 되었다. 그 후에 영국으로 건너가 런던에서 오페라 작곡가로서 성공했으며 이곳에서 생을 마감했다.

그는 독일 태생이면서도 중요한 활동은 거의 영국에서 전개했고, 부유한 가정에서 성장한 그의 성격은 어둠이 없어 활발했다. 시대에 걸맞는 긍정적이고 명랑한 작품은 그 시민 사회에서 대단한 사랑을 받게 되었다.

바흐와 아울러 바로크의 대작곡가가 된 헨델의 작품에는 「수상음악」「왕궁의 불꽃음악」「합주 협주곡집」「오라토리오 메시아」 등이 있고, 그 외에 「줄리어스 시저」를 비롯하여 다수의 가극이 있기도 하다.

모음곡 「수상음악」은 일종의 합주 협주곡으로, 때때로 쓰인 세 개의 모음곡 전 22곡의 소품으로 되어있다. 그렇지만 헨델의 자필 악보가 일찍부터 분실되어 당시의 사보나 인쇄 악보에도 서로 다른 것이 있었으므로 이 작품의 원형을 포착하기는 어렵다고 한다. 몇 종류의 판 중에 영국의 지휘자 해밀턴 하티가 관현악용으로 편곡한 것이 널리 알려져 있다. 하여간 밝고 상쾌하며 거북하지 않은 표정으로 가득한 이 모음곡은 헨델 작품 가운데서 가장 인기 있는 셈이다.

1712년 겨울, 헨델은 적당한 시기에 돌아오겠다는 조건 아래 하노버의 선제후로부터 다시 영국을 여행해도 된다는 허락을 얻었다. 런던으로 되돌아온 헨델은 오페라 「일 페스토르 피도 *Il pastor fido*」「테세오 *Teseo*」「실라 *Silla*」 등을 무대에 올렸고, 1713년 2월 6일에는 「앤 여왕 탄생일을 위한 오드」를 발표하였다. 이 곡은 영국의 앤 여왕의 탄생일과 위트레흐트 조약 체결을 기념하기 위해 작곡된 궁정 오드(Ode)이다. 이로써 헨델은 이탈리아 오페라를 작곡하는 유명한 외국인 작곡가가 아닌, 진정한 영국 작곡가로 인정받기에 성공했다. 그리고 헨델은 하노버로 돌아가지 않고, 런던에 머물겠다고 결심한다.

　당시 하노버의 선제후였던 게오르그 왕자는 헨델의 연주를 무척 좋아했던 것으로 알려져 있다. 헨델은 하노버에서 카펠마이스터로 있는 동안 비교적 자유롭게 여행을 할 수 있었다. 1710년 가을, 헨델은 런던을 방문했고, 1711년 앤 여왕의 탄생일인 2월 6일에 자신의 새 오페라 「리날도」를 발표하였다. 대성공을 거둔 헨델은 오페라 시즌이 끝나자 다시 하노버로 돌아왔다.

　그런데 1714년 앤 여왕이 갑자기 사망하고, 하노버의 게오르그 선제후가 영국의 왕위를 물려받아 조지 1세로 임명되는 일이 벌어졌다. 조지 1세는 영국의 왕으로서, 그리고 하노버의 선제후로서 헨델과의 관계에 대해 신중하게 생각했다. 영국의 왕으로서 헨델이 영국 왕실과 관계를 유지하는 것에 대해 질책할 이유는 전혀 없었지만, 헨델이 약속을 저버렸던 하노버의 선제후 입장에서는 어떠한 제스처를 취할 필요가 있다고 보았다.

이러한 맥락에서, 헨델이 영국 왕 조지 1세와의 관계를 회복하기 위해 왕실의 뱃놀이 연회에서 이 곡을 연주했다는, 「수상음악」을 둘러싼 이야기가 전해지는 것이다. 하지만 헨델의 음악과 왕실의 뱃놀이에 대한 기록은 그 이전 해에도 있었고, 1715년 여름에도 언급되었다. 또한 조지 1세는 즉위 초부터 앤 여왕이 헨델에게 수여한 연금을 헨델이 계속해서 지급받을 수 있도록 지시했고, 1723년에는 거기에 더해 두 번째 연금도 수여했다고 한다.

좀 더 자세히 하자면 2년의 휴가를 청원하여 런던으로 건너가 성공하자 귀국 명령을 무시하고 거기에 눌러앉아 버렸다. 그렇지만 앤 여왕이 세상을 떠나자, 얄궂게도 그 선제후를 영국 왕 제임스 1세로서 런던으로 맞이하게 되었다. 그 때문에 헨델은 불우한 몸이 되었으나 그를 동정한 친구들의 주선으로 이듬해 여름에 템즈강에서 국왕의 뱃놀이가 시작되었을 때 악단을 실은 배를 왕이 탄 배에 접근시켜 이 신작 「수상음악」을 연주하여 국왕을 즐겁게 했으므로 왕의 역정이 풀려서 다시 헨델이 궁정 작곡가로 임명되었다는 것이나. 그러나 유감스럽게도 이 에피소드는 그 후의 연구가들에 의해서 완전히 부정되었다. 물론 1715년 8월22일에 개최된 그 뱃놀이에서 현재 알려져 있는 형태였는지의 여부는 별도로 치더라도 이 모음곡의 일부가 연주되었을 가능성이 꽤 높다고 한다. 적어도 1717년 여름 국왕의 뱃놀이에서 연주하기 위해

이 수상음악을 작곡했다는 사실은 확실하다 할 수 있다. 어쨌든 자필 악보가 분실되었기 때문에 정확한 일은 알 수 없다.

이 작품을 들어보면 제1곡 알레그로 호론과 현이 번갈아 가면서 시작되는데, 강의 수면을 달리는 배의 움직임을 생각나게 하는 듯한 자유롭고 활달하여 해방감에 찬 것으로 어디까지나 헨델의 음악이구나 하고 느껴지게 하는 유유함과 명랑함에 싸여 있다. 중간부는 현의 합주로 다시 처음으로 되돌아간다.

제2곡 아리아제1곡과는 대조적인 우미하고 정밀한 음악이다. 3부 형식으로 제1부는 〈현악 합주〉, 제2부는 〈전합주〉, 제3부 〈수상음악〉은 3개의 모음곡(HWV348, 349, 350)으로 이루어져 있다. 헨델이 남긴 온전한 형태의 자필 악보는 존재하지 않기 때문에 정확한 작곡 년도를 알기는 사실상 불가능하다. 20여 개의 악장으로 이루어져 있고, 악기는 트럼펫, 호른, 오보에, 바순, 플루트, 레코더, 현악기 등이 사용되었다.

요하네스 브람스 (Johannes Brahms, 1833~1897)

요하네스 브람스 브람스의 눈물

요하네스 브람스는 독일 함부르크 출신으로 1833년에 태어나 1897년 64세에 세상을 떠났다.

그는 독일 후기 낭만 음악의 작곡가 중 한 사람이다. 독일이 낳은 3명의 위대한 음악가 바흐, 베토벤, 브람스는 모두 이름에 B가 들어가 있어 3B라 불리었다.

브람스는 선천적으로 재능을 갖고 타고난 신동이었다. 밴드 음악가였던 아버지의 피를 물려받아서인지 10세에 첫 피아노 독주회를 무리 없이 발표했다. 브람스는 젊은 시절 집시의 선율과 리듬에 매료되어 헝가리 민족 음악에 푹 빠지기도 했다. 해서인지 지금도 그가 작곡한 「헝가리 무곡」이 자주 연주되고 있다.

브람스는 낭만주의 시대 작곡가이지만 매우 보수적인 경향을 띠었다. 새로운 장르인 교향시, 대규모 음악극에는 관심이 없었다. 그는 베토벤의 뒤를 이어 교향곡 작곡에 골몰했고 피아노 소나타, 협주곡, 가곡 등을 작곡하는 데 더 심취해있었다.

브람스, 슈만, 클라라의 관계도 그냥 지나칠 수 없다.

1853년 브람스가 클라라 슈만을 열렬히 사모하였다. 가난한 젊은 음악가 브람스는 추천서 한 장 달랑 들고 당대 최고의 음악가 부부인 로베르트 슈만과 클라라 슈만 부부를 찾아와 만나게 된다. 로베르트 슈만은 작곡가이자 음악평론가였고, 클라라 슈만은 유럽 최고의 피아니스트였다. 당시 브람스의 나이는 겨우 20세, 슈만은 43세, 클라라는 34세였다. 천재는 천재를 알아보는 법, 슈만은 브람스의 연주를 보고 격찬하였고, 세상에 알리는 평론을 발표하였다. 그렇게 젊은 음악가의 앞길을 축복하며 지원하기 시작했다.

1858년 요하네스 브람스는 괴팅겐 대학의 교수 딸인 아가테를 만나는 동안 연인으로 발전하기에 이르렀다. 두 사람은 비밀리에 약혼반지를 주고받았으나 브람스는 결혼을 주저했다. 그러다 보니 혼인하는 데까지는 이어지지 않았다. 왜 그랬던 것일까?

슈만은 정신병이 발작을 일으켜서 라인강에 투신하게 된다. 극적으로 겨우 살아났지만, 정신병원에 입원하게 된다. 이리하여 클라라는 빽빽한 연주 스케줄을 소화하면서 7명의 아이를 양육하는 한편 병든 남편 뒷바라지도 해야만 했다. 어느 것 하나 피할 수 없는 일들이었다. 이때 브람스는 헌신적으로 클라라를 돕게 된다. 클라라를 향한 브람스의 마음은 사랑이라기보다 사모하는 마음이 더 간절하였는데, 브람스와 클라라가 남긴 편지들을 통해 짐작할 수 있다.

이윽고 슈만이 정신병으로 죽자, 슈만의 아내 클라라와 8명의 자녀를 헌신적으로 돌본 사람이 바로 브람스였다. 그는 클라라를 사랑했지만 스승의 아내였으므로 내색하지 않았다. 그러나 그는 늘 클라라 곁에서 그녀를 돌보았다. 그리고 평생 독신으로 살았다. 클라라 역시 브람스와 친하게 지내며 재혼하지 않았다.

그 당시 독일 음악계는 '바그너파'와 '브람스파'로 나뉘었다. 마치 조선시대 당파싸움하듯이 서로가 미워했다. 물론 브람스가 바그너를 직접 공격했다기보다는, 브람스파라고 하는 사람들과 바그너 추종자들 간의 다툼이기도 하다. 아무튼 브람스는 클라라 슈만과 음악에만 온 인생을 헌신한 순정, 그 자체였을 것이다.

선배 음악가의 부인에게 그동안 존경하는 "슈만 부인"이라고 불렀고, 클라라 역시 "친애하는 브람스 씨" 이렇게 호칭했는데, "클라라" "요하네스!" 이렇게 이름을 부르게 될 정도로 친밀해졌다.

그러다가 1856년 5월 31일에 브람스는 자신의 열렬한 마음을 이렇게 편지에 담았다.

「사랑하는 클라라, 내가 당신을 사랑하는 만큼 부드러운 마음으로 이 편지를 쓸 수 있었으면 싶고, 당신을 위해 내가 원하는 대로 모든 좋은 사랑을 줄 수 있으면 좋겠어요. 당신은 너무나 사랑스럽기에 나는 그것을 감히 말할 수조차 없어요. 당신의 편지는 나에게 키스와 같아요.」

1856년 5월에 클라라와 브람스 사이에 뭔가 썸씽이 있었으리라고, 우리 모두 짐작할 수 있지만, 그해 7월에 슈만의 사망 이후엔 이런 열렬한 고백의 편지가 사라진다. 개인적인 추측인데, 슈만의 죽음을 겪으면서 클라라가 많은 고민 끝에 요하네스 브람스에게 선을 그었을 것이다.

그 이후로 클라라는 40년 동안 슈만과 브람스의 곡을 연주하면서 두 거장의 음악을 알렸고, 브람스와 클라라는 플라토닉한 애정과 지지를 나누는 사이가 되었다.

브람스의 사랑이 조금은 이해될 것 같다. 자신이 심혈을 기울여 쓴 작품을 당대 최고의 음악가가 그 가치를 알아봐 주고, 최고의 해석과 테크닉으로 연주해주면서 적극적으로 알려주는데, 그 감격은 이루 말할 수 없었을 것이다. 예술가에게 그런 지원자를 만난다는 건 최고의 행운이다. 두 사람은 남녀간의 에로틱한 사랑을 넘어서 인간적으로 깊이 교감하고, 존경하며, 서로 아껴주는 그런 관계였을 것이다.

젊은 브람스는 클라라를 만나고 사랑하고 또 사랑이라는 단어로는 더 담을 수 없는 둘만의 교감을 경험하였을 것이고, 이런 경험은 20대 초반의 성년 브람스의 내면을 몹시 깊어지게 만들었을 것이다.

세계명작 순례

인쇄일 | 2025년 04월 15일
발행일 | 2025년 04월 20일

지은이 | 박계자
펴낸곳 | 도서출판 문학의빛
등 록 | 출판등록 173-95-01657

주 소 | 경기도 파주시 파주읍 봉서산로225번길 46-1
전 화 | 010-8728-1732
이메일 | gaka345@naver.com
가 격 | 20,000원
ISBN | 979-11-989055-7-4

* 이 책의 판권은 저자와 문학의빛에 있습니다.
* 이 책 내용의 전부 또는 일부를 재사용하려면 반드시 저자와 도서출판 문학의빛에 동의를 받아야 합니다.
* 잘못된 책은 구입처에서 바꿔드립니다.